Questa pubblicazione
è stata realizzata con il contributo di
Banca San Biagio del Veneto Orientale

PER LA COMPETITIVITÀ DEL TURISMO NELL'ALTO ADRIATICO

Il turismo al centro dello sviluppo

a cura di
Giuseppe Bortolussi
Riccardo Dalla Torre
Andrea Favaretto
Catia Ventura

FONDAZIONE THINK TANK NORD EST

FrancoAngeli

Gruppo di lavoro:
Giuseppe Bortolussi, Cgia di Mestre (Associazione Artigiani e Piccole Imprese)
Riccardo Dalla Torre, Fondazione Think Tank Nord Est
Andrea Favaretto, Centro Studi Sintesi
Catia Ventura, Centro Studi Sintesi

Ristampa	Anno
0 1 2 3 4 5 6 7 8 9	2015 2016 2017 2018 2019 2020 2021 2022 2023 2024

Stampa: Tipografia Gamma, Via G. Pastore, 9 – 06016 Città di Castello

INDICE

Il presente rapporto è stato redatto sulla base delle informazioni statistiche disponibili alla data del 30 giugno 2015.

PREFAZIONE

di *Antonio Ferrarelli*[*]

In questi ultimi anni, caratterizzati da una crisi che ha duramente colpito imprese e famiglie anche nel Nord Est d'Italia, una delle vie di uscita invocate più frequentemente ha riguardato l'opportunità di investire nel turismo.

D'altro canto, l'Italia è il Paese in Europa con il maggior numero di arrivi di turisti stranieri (oltre 50 milioni secondo Eurostat): si tratta indubbiamente di un dato di tutto rispetto da cui partire per far sì che il turismo valga in futuro ancora di più di quanto vale oggi (6% del valore aggiunto totale, secondo le stime Istat).

Al tempo stesso, mentre il calo del reddito delle famiglie e l'aumento della disoccupazione hanno comportato la diminuzione dei consumi, le spese per il turismo sono state le uniche a "tenere". È non è casuale osservare l'incremento di quasi il 10% delle imprese del settore turistico in Italia tra gli anni 2009 e 2014, mentre l'economia complessivamente ha perso aziende e posti di lavoro. Imprese che valgono circa il 7,4% dell'occupazione totale e danno lavoro ad oltre 1,2 milioni di addetti, per quanto riguarda i soli servizi di alloggio e ristorazione.

E in questo contesto il Veneto è la prima regione per arrivi e presenze di turisti in Italia e tra le prime in Europa.

Non scopriamo certo oggi, però, l'importanza del turismo in Italia e nel Nord Est in particolare. Come d'altro canto non realizziamo solo oggi quante siano le risorse da valorizzare per attirare un numero

[*] Presidente Fondazione Think Tank Nord Est.

maggiore di turisti, ma soprattutto per far rendere di più, in termini economici, il movimento turistico odierno.

Evidentemente, una delle mancanze della politica negli ultimi decenni è stata proprio quella di dimenticarsi del settore turistico, in primo luogo non riconoscendone la dignità di comparto produttivo autonomo rispetto agli altri.

Troppe volte, infatti, si è parlato di turismo come attività economica accessoria rispetto ad altre, trascurando come le masse di visitatori che ogni anno si recano a Venezia, lungo le spiagge dell'Adriatico, al Lago di Garda, sulle Dolomiti, o nelle strutture termali contribuiscano a "muovere" un insieme di attività che va ben oltre la singola struttura ricettiva destinata all'accoglienza. In primis la ristorazione, il commercio e i trasporti vengono interessati direttamente dall'economia che i turisti "muovono" con i loro consumi. Ma è in ultima analisi tutto il made in Italy a giovarsi del movimento turistico del nostro Paese.

È proprio per l'assenza del turismo nell'agenda economica che la Fondazione Think Tank Nord Est ha deciso di affrontare i temi legati al settore turistico. Si tratta di un comparto ancora oggi sottorappresentato a livello politico-sindacale, nonostante siano stati realizzati numerosi studi per dimostrare la rilevanza delle attività turistiche in termini economici ed occupazionali.

La Fondazione è consapevole di essere solamente l'ultimo soggetto in ordine di tempo ad occuparsi di tematiche turistiche, ma pur riconoscendo la presenza di strutture qualificate ed attive da tempo nel territorio veneto, in primis il CISET – Centro Internazionale di Studi sull'Economia Turistica, ritiene che sia fondamentale sottolineare una volta di più la strategicità del turismo per la ripresa del Paese.

In questa prospettiva, allora, sono in particolare tre i filoni di analisi che la Fondazione Think Tank Nord Est intende portare avanti attraverso le sue attività.

In primo luogo, la Fondazione mira a mettere il turismo al centro dello sviluppo, riconoscendone la rilevanza quale settore autonomo, al pari di comparti che oggi magari impattano in maniera minore sulle attività economiche nel loro complesso, ma che vengono considerati fondamentali per la ripresa economica.

In secondo luogo, la Fondazione ha l'obiettivo di occuparsi della tutela degli aspetti politico-sindacali legati alle attività turistiche, che troppo spesso sono state messe in secondo piano, in quanto non ritenute strategiche per far ripartire la crescita.

Infine, la Fondazione vuole rilanciare azioni di marketing territoriale legate al turismo, in quanto ritiene che sia fondamentale mettere in campo politiche in grado di valorizzare le risorse turistiche del territorio, al fine di favorire la ripresa dei sistemi economici locali. In altre parole, la Fondazione vuole contribuire a costruire politiche di sviluppo locale che pongono al centro della strategia il comparto turistico quale volano per l'intero territorio. Oggi, infatti, promuovere progetti che mirano ad incrementare la competitività del turismo può rappresentare l'inizio di un virtuoso percorso di crescita in grado di coinvolgere tutte le altre attività economiche rilanciando così l'intero sistema locale.

È giunto il momento di mettere veramente a valore le enormi potenzialità turistiche dell'Italia e del Nord Est in particolare. E la Fondazione Think Tank Nord Est è disposta a giocare la sua parte per portare il turismo al centro dello sviluppo del territorio.

MANIFESTO PER LA COMPETITIVITÀ DEL TURISMO NELL'ALTO ADRIATICO

La Fondazione Think Tank Nord Est, nello svolgere la sua funzione di laboratorio di idee e progettualità al servizio del territorio, ha deciso di promuovere il proprio Manifesto, dedicato alla competitività del turismo nell'Alto Adriatico.

Un Manifesto per sostenere il turismo e quindi lo sviluppo del territorio dell'Alto Adriatico, ma più in generale del Veneto e di tutto il Nord Est.

Un Manifesto basato su 5 punti, di seguito tradotti in azioni e proposte concrete.

Un Manifesto aperto alle adesioni di tutti i soggetti, pubblici e privati, che vorranno aiutare la Fondazione Think Tank Nord Est a raggiungere questi obiettivi.

1. Promozione turistica ed attenzione a nuovi mercati

Tecnologie e nuovi media permettono oggi di raggiungere, attraverso mirate campagne promozionali, anche i mercati più lontani e difficili da "colonizzare".

D'altro canto, il litorale dell'Alto Adriatico è storicamente la meta preferita dei turisti provenienti in particolare da Germania ed Austria: osservando i dati di arrivi e presenze si nota la forte dipendenza da questo mercato.

Un eccessivo sbilanciamento del movimento turistico verso un solo bacino di mercato è rischioso: un'eventuale diminuzione dell'interesse di austriaci e tedeschi per le nostre spiagge potrebbe tradursi in un crollo di arrivi e presenze.

È quindi sempre più importante l'attività di promozione, da un lato dedicata a quei paesi già presenti sulle spiagge dell'Alto Adriatico, ma con "numeri" ancora bassi, dall'altro rivolta ai mercati emergenti. Per quanto riguarda il primo gruppo ci riferiamo ai paesi dell'Europa Orientale e al Nord Europa, per quanto riguarda il secondo, invece, pensiamo a Russia, Cina, India, Brasile. Quest'ultimi, in particolare, sono i paesi che più di altri stanno crescendo e nei prossimi anni conosceranno un aumento della classe media in grado di regalarsi una vacanza. Si tratta peraltro di paesi in grado di esprimere un'ottima capacità di spesa e di rappresentare quindi un'importante fonte di ricchezza per tutta l'economia dell'area.

2. Semplificazione delle procedure amministrative e abbassamento della tassazione

Oggi l'insieme degli oneri burocratico-amministrativi a carico delle imprese è veramente eccessivo, sia per quanto riguarda la documentazione da presentare per aprire un'attività, sia per quanto concerne gli adempimenti con cui un'azienda si confronta durante il suo operato.

Lo snellimento degli adempimenti amministrativi e delle procedure burocratiche rappresenta un fattore in grado di semplificare le attività ordinarie delle imprese e pertanto di far risparmiare tempo e denaro, che possono venire investiti direttamente nell'attività produttiva.

D'altro canto, la tassazione che grava sulle imprese è un forte freno allo sviluppo del Paese. Ciò vale a maggior ragione per le attività turistiche, che rappresentano una delle principali economie del Paese e del Nord Est in particolare.

In questa prospettiva, sia lo Stato centrale che gli enti locali devono tenere presente come eventuali agevolazioni, contributi o benefici fiscali al turismo abbiano un impatto maggiore. Pertanto i risparmi di spesa dei vari livelli della macchina amministrativa andrebbero indirizzati a beneficio delle imprese turistiche e della riduzione del loro carico fiscale.

3. Aumento degli investimenti dedicati al turismo

Il turista moderno è sempre alla ricerca di nuove motivazioni ed emozioni legate all'esperienza turistica. La cosiddetta "vacanza tradizionale" è sempre meno un riferimento utile per programmare le politiche e l'offerta turistica. A maggior ragione questo vale per il turismo balneare: oggi, infatti, i visitatori ricercano sempre meno una vacanza basata esclusivamente sulla spiaggia ed il mare.

In secondo luogo, l'estate 2014 verrà ricordata per condizioni climatiche veramente inclementi, che hanno creato non pochi problemi agli operatori impegnati a garantire la piena fruibilità turistica delle destinazioni.

Questa situazione ha fatto emergere la necessità di aumentare gli investimenti nelle attività turistiche, al fine di garantire forme di intrattenimento nuove e in grado di essere fruibili anche in caso di maltempo. In altre parole, gli investimenti nelle attività turistiche devono essere orientati a garantire esperienze nuove ed alternative alla tipologia di vacanza tradizionale. In questo modo è possibile far fronte sia alle mutate esigenze della domanda, sia a situazioni climatiche particolarmente sfavorevoli.

Per fare ciò, da un lato si deve stimolare l'iniziativa privata ad andare nella direzione auspicata dai turisti stessi, dall'altro si devono indirizzare le possibili fonti di finanziamento (Unione Europea, Stato centrale, enti locali) ad investire nel turismo. In questa prospettiva, in un contesto come quello attuale, contraddistinto da una generale scarsità di risorse a disposizione degli enti locali, è sempre più strategico riuscite ad agganciare le opportunità di finanziamento rappresentate dai fondi europei, a maggior ragione nel momento in cui è appena partito il ciclo di programmazione 2014-2020, proponendo laddove possibile progettazioni dedicate al settore turistico.

4. Miglioramento della competitività delle località turistiche e allungamento della stagione

Oggi il livello della competizione tra località turistiche si è alzato notevolmente, mentre l'arena competitiva si è allargata e i turisti, nell'ambito del processo di scelta delle proprie vacanze, valutano un insieme più ampio di caratteristiche alla luce di esigenze nuove ed in continua evoluzione.

Il mutato contesto di riferimento impone una continua attenzione alla competitività delle località turistiche, che non possono prescindere da fattori quali ad esempio la presenza della banda larga.

Oggi, infatti, per compiere le più normali attività quotidiane utilizziamo il nostro smartphone. Anche quando siamo in vacanza, disporre di una connessione veloce ad internet è considerato un bene di prima necessità. Compatibilmente con i tempi più lenti della vacanza, l'accessibilità ad internet è un fattore che permette di risparmiare tempo, ma soprattutto di vivere una vacanza nel massimo comfort. La possibilità di connettersi attraverso un sistema di banda larga e di usufruire della rete wi-fi, nelle strutture alberghiere come lungo le spiagge, viene ormai data per scontata. D'altro canto è un elemento fondamentale per le attività quotidiane di operatori turistici e cittadini.

Al tempo stesso, la sostenibilità delle destinazioni turistiche e delle attività economiche che vi operano si basa anche sulla capacità di "lavorare" nei periodi di minore afflusso turistico. L'allungamento della stagione è fondamentale per distribuire i ricavi su un periodo più lungo, dipendendo meno dall'alta stagione. La possibilità di destagionalizzare i flussi turistici dipende dal mix di offerta che la località turistica è in grado di offrire e pertanto dalla sua attrattività anche nei periodi di bassa stagione.

5. Turismo e cultura veicolo del made in Italy

Per i turisti stranieri la vacanza in Italia è l'occasione per conoscere una cultura e delle tradizioni diverse, che si esprimono anche attraverso le proprie eccellenze produttive. È noto come l'immagine del nostro Paese derivi in primis da fattori quali la cucina, la moda e la cultura.

Pertanto, ciò che il visitatore straniero si aspetta da una vacanza in Italia è di aver l'occasione di entrare in contatto con i prodotti e le produzioni che più contraddistinguono il carattere italiano. Per questo, nella definizione del budget della propria vacanza, il turista straniero destina una quota significativa della propria spesa allo shopping di prodotti italiani. Ciò che il visitatore straniero ricerca è il brand Italia, che si esprime attraverso un'offerta di qualità: in particolare la moda con i più noti marchi italiani, i prodotti enogastronomici tipici di alto livello, le produzioni artigianali di eccellenza.

Conseguentemente, un'offerta commerciale di alto livello deve necessariamente essere in grado di soddisfare le richieste dei visitatori più esigenti. È in questa direzione che si devono muovere le politiche commerciali delle destinazioni turistiche, favorendo l'insediamento di esercizi commerciali in grado al tempo stesso di promuovere il made in Italy e contribuire al decoro urbano.

Al tempo stesso, la domanda di cultura è in continuo aumento e si esprime attraverso bisogni sempre più sofisticati. La ricerca di esperienze culturali è il primo motore del movimento turistico e si accompagna ad un'ottima capacità di spesa. Se l'Alto Adriatico vuole allungare la stagione e migliorare le proprie performance deve cercare di "agganciare" in maniera sistematica il turismo di matrice culturale.

Le azioni proposte dal Manifesto

1. Promuovere il litorale dell'Alto Adriatico in mercati nuovi e paesi emergenti, attraverso campagne promozionali appositamente dedicate.
2. Promuovere il prodotto balneare come un prodotto ricco ed integrato da un'offerta che va al di là della spiaggia e del mare, puntando quale elemento di forza sulle alternative alla vacanza di mare tradizionale.
3. Arricchire il prodotto balneare di una connotazione legata alla salute, promuovendo lo stile di vita sano che la vacanza di mare permette di sviluppare, a partire dalle caratteristiche proprie dell'offerta (terme, piste ciclabili, sport ecc.), sia per gli anziani che per i bambini.
4. Collegare in maniera sistematica la promozione delle località balneari alle eccellenze (culturali ed eno-gastronomiche) dell'entroterra.
5. Sviluppare segmenti turistici in grado di destagionalizzare i flussi (es. turismo del golf, turismo wellness, turismo dei grandi eventi).
6. Promuovere un calendario di eventi e di attività in grado di intrattenere il turista (i bambini in particolare) anche in caso di maltempo ed ideare una campagna promozionale appositamente dedicata.
7. Dotare di banda larga tutte le località turistiche.
8. Promuovere il Distretto Turistico dell'Alto Adriatico.
9. Favorire la trasparenza nella destinazione degli introiti derivanti dalla tassa di soggiorno, anche attraverso una campagna informativa diretta a turisti e operatori.
10. Migliorare il sistema di collegamenti (attraverso il trasporto pubblico locale) tra gli aeroporti del Nord Est e le spiagge dell'Alto Adriatico, sviluppando connessioni veloci, frequenti ed efficienti.
11. Sostenere il commercio di qualità quale strumento di promozione del made in Italy, promuovendo centri commerciali naturali dedicati in particolare ai marchi italiani.

12. Utilizzare i fondi derivanti dalla programmazione comunitaria per progettualità legate al settore turistico.
13. Dotare le località turistiche di forti attrattori culturali, prevalentemente legati alla vocazione territoriale (es. museo del mare o della civiltà marina nelle località balneari).
14. Organizzare eventi o attività parallele legate a brand di successo (es. Biennale di Arte e/o Architettura, Mostra del Cinema, Vinitaly).
15. Candidarsi ad ospitare eventi musicali di livello internazionale (es. Heineken Jammin' Festival), eventi sportivi, ritiri estivi (o invernali) delle squadre di calcio e di altri sport.

INTRODUZIONE
LE TRASFORMAZIONI DEL SETTORE TURISTICO

Il turismo è oggi uno dei settori più importanti e dinamici dell'economia mondiale. Favorito da cambiamenti di natura economica e sociale, il fenomeno turistico è cresciuto moltissimo negli ultimi decenni, arrivando ad imporsi come uno dei comparti su cui impostare le strategie di crescita del futuro.

Innanzitutto, bisogna però precisare come sotto la voce "turismo" rientri un insieme eterogeneo di attività (alberghi, ristoranti, musei, parchi di divertimento ecc.), legate ad intrattenimenti anche molto differenti tra loro (turismo balneare, visite culturali, enogastronomia ecc.).

Negli ultimi decenni il turismo è fortemente cambiato e la gamma di esperienze che oggi vengono richieste ed offerte al turista è veramente ampia ed articolata. Lo scenario attuale è evidentemente molto diverso rispetto a quello di qualche decennio fa, quando il turismo di massa – fenomeno nato a partire dal secondo dopoguerra ed esploso negli anni Settanta – orientava la maggior parte delle preferenze e dei consumi.

In quel periodo, infatti, il turismo e la relativa domanda erano abbastanza semplici da gestire, in quanto le abitudini di vacanza erano per lo più comuni: la stragrande maggioranza dei turisti si spostava in automobile verso destinazioni vicine e quasi sempre all'interno del proprio Paese di residenza. Nella maggior parte dei casi si andava in vacanza con la famiglia, prevalentemente durante il mese di agosto e con destinazione finale le località balneari (o secondariamente montane). La vacanza era pertanto lunga (anche un mese), ma unica: non esistevano short-break, weekend lunghi e tutte quelle altre tipologie di vacanza sviluppatesi di recente, anche perché il budget a disposizione era modesto ed il sistema di trasporti tutt'altro che efficiente.

Col passare del tempo, la domanda si è via via diversificata ed oggi si utilizza sovente il termine *turismi* per indicare le diverse tipologie di vacanza. Negli ultimi decenni, infatti, sono cambiate radicalmente le caratteristiche delle vacanze.

In primo luogo, oggi ci si sposta con tutti i mezzi di trasporto: in particolare il trasporto aereo ha conosciuto una crescita molto significativa negli ultimi due decenni, soprattutto grazie al boom dei cosiddetti vettori low cost (Ryanair ed EasyJet su tutti). Di conseguenza, si è allargato il bacino di riferimento delle vacanze, in quanto anche destinazioni lontane sono diventate raggiungibili in poche ore di volo. In generale sono cresciute sensibilmente le vacanze all'estero, non solo in Europa, ma anche oltreoceano.

In secondo luogo, è via via venuto meno il modello tradizionale di vacanza lunga con la famiglia durante il mese di agosto. Oggi si va in vacanza tutto l'anno, con soggiorni brevi (anche di una sola notte), non esclusivamente con la famiglia. Inoltre tutte le tipologie di persone vanno in vacanza: se è vero che i problemi economici impediscono ad una parte delle persone di trascorrere un periodo di vacanza, non c'è però alcun vincolo di età, composizione familiare, estrazione sociale che influisce sulla possibilità di fare i turisti. Studenti, pensionati, single: oggi tutti hanno interesse a viaggiare e visitare posti nuovi.

Infine, le motivazioni della vacanza non sono più unicamente legate ad esigenze di relax o svago. Si viaggia sempre più per motivazioni culturali, religiose, sportive, per curarsi o per assistere a grandi eventi (Expo, Giubileo, Olimpiadi, concerti ecc.) e conseguente le tipologie di turismo sono molto varie. La domanda turistica si è diversificata e frammentata: il turismo balneare e montano rimangono una quota significativa, ma è sempre più importante il turismo culturale. Ci sono poi mercati di nicchia come il turismo d'affari o il turismo sanitario, cui si aggiungono quelli legati alla natura o alle terme.

Le nuove caratteristiche del turismo sono legate ai cambiamenti di natura economica e sociale avvenuti in particolare dagli anni Novanta ad oggi. A livello generale, un fattore da tenere in considerazione è la crescita del livello dei redditi, che ha comportato maggiori disponibilità economiche da dedicare ai consumi turistici. Al tempo stesso, sono calati i prezzi relativi legati al turismo, in funzione dell'aumento dell'offerta e di una maggiore segmentazione della stessa. Come già accennato, è diventato più facile e più economico spostarsi.

Ci sono poi altri elementi da considerare, in funzione di cambiamenti che hanno investito la società nel suo complesso. In primo luogo l'innalzamento dell'età media e il miglioramento delle condizioni di vita della popolazione anziana: come è noto, le persone più vecchie hanno più tempo libero, che possono dedicare alle vacanze. Ci sono poi numerosi fattori culturali da tenere presente, quali ad esempio la migliore conoscenza delle lingue ed una maggiore cultura in generale, più informazioni a disposizione su destinazioni che prima non si conoscevano (in particolare grazie ad internet), la moda, gli stili di vita orientati a nuovi tipi di esperienze di consumo. Tutti questi fattori hanno contribuito a far sì che aumentasse la percezione del bisogno di vacanza.

Inoltre, anche l'apertura delle frontiere e l'introduzione dell'euro sono elementi che, in particolare negli ultimi due decenni, hanno facilitato gli spostamenti, soprattutto all'interno dell'Europa, incentivando pertanto le vacanze all'estero.

Le trasformazioni che il settore turistico ha conosciuto negli ultimi periodi ci portano ad una prima conclusione: il turismo conta sempre di più a livello economico. Se sono aumentate le persone che vanno in vacanza, se la capacità di spesa è nel tempo cresciuta, se si sono aggiunte nuove tipologie di turismo, se si fanno più vacanze, vuol dire che oggi il comparto turistico è composto da più aziende e più lavoratori e di conseguenza il suo impatto nell'economia è sempre maggiore.

In altre parole, le trasformazioni della società e dell'economia intercorse in particolare negli ultimi vent'anni, hanno comportato un aumento del ruolo che le attività turistiche rivestono in un Paese che, come l'Italia, è ricco di attrattive per i visitatori di tutto il Mondo.

L'andamento dei consumi ci testimonia come oggi il turismo sia diventato un bene irrinunciabile e nemmeno la crisi economica è riuscita complessivamente ad invertire la tendenza all'aumento dei flussi turistici. Certamente, soprattutto di recente, sono cambiate modalità, durata, spese, caratteristiche della vacanza, ma non c'è stato nel complesso un crollo dei consumi turistici.

A conferma di ciò, se osserviamo l'andamento della spesa delle famiglie nel corso dell'ultimo decennio, possiamo notare come le diverse tipologie di consumi si dividano sostanzialmente in due gruppi distinti.

Da un lato ci sono i consumi che mostrano un calo tra il 2003 e il 2013: trasporti, vestiario e calzature, mobili, elettrodomestici e manutenzione della casa, alimentari e sanità. Dall'altro lato si trovano invece i consumi in crescita: alloggio, ristorazione, ricreazione e cultura, abitazione e utenze. Ciò avviene all'interno di un contesto generale in cui i consumi sono complessivamente in calo, mentre il trend migliore spetta alle comunicazioni (non riportate nella figura seguente). La forte crescita delle spese per le comunicazioni è dovuta, in larga parte, alla diffusione generalizzata di telefoni cellulari e smartphone nel corso degli ultimi dieci anni.

In realtà, il dato più interessante riguarda proprio le spese maggiormente legate ai consumi di tipo turistico. In primis il riferimento va a quelle per l'alloggio (+6% tra 2003 e 2013) e per la ristorazione (+4%): a colpire non è tanto l'ammontare della crescita, comunque limitata, ma il fatto che ci sia un segno positivo in un contesto di crisi, peraltro per una tipologia di consumo non certo di prima necessità. È evidente che il consumo di tipo turistico è entrato ormai a far parte del paniere di spesa delle famiglie e la crisi non riesce ad intaccare più di tanto le mutate abitudini familiari, che oggi prevedono delle spese dedicate alle vacanze.

Fig. 1 – Spesa per consumi finali delle famiglie, numeri indice 2003-2013 (2003=100)

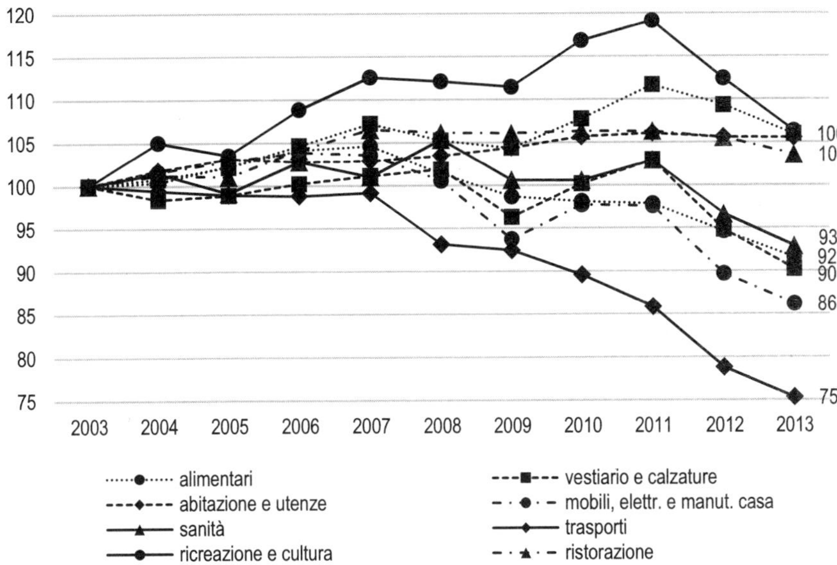

Fonte: elaborazioni su dati Istat

Se, dunque, i consumi turistici non hanno subito al pari di altri l'impatto della crisi, d'altro canto, a livello internazionale si sta assistendo allo spostamento del baricentro turistico, con nuovi paesi che si affermano come destinazioni delle vacanze e altri che generano flussi sempre più importanti di turisti, anche verso l'Italia.

Il Veneto è la regione italiana che ogni anno accoglie il maggior numero di turisti ed è una delle principali anche a livello europeo. Insieme a Friuli Venezia Giulia e Trentino Alto Adige forma un'area di forte attrazione turistica a livello internazionale. Le potenzialità di crescita sono ancora molto buone e le risorse turistiche in grado di attrarre i visitatori non sono delocalizzabili. È per questo che oggi la crescita del Nord Est e dell'Italia in generale può – anzi deve – ripartire dal turismo, in quanto attività economica importante e in quanto vetrina permanente del made in Italy nel Mondo.

1. IL SETTORE TURISTICO A LIVELLO INTERNAZIONALE

1.1. Un fenomeno in continua crescita

Basterebbe un solo numero per rendere l'idea di quanto il turismo sia cresciuto dal secondo dopoguerra ad oggi. Il dato in questione è 4.420%: si tratta del valore percentuale dell'aumento degli arrivi di turisti internazionali in tutto il Mondo dal 1950 al 2014. Erano solo 25 i milioni di arrivi di turisti dall'estero nel 1950, oggi sono 1.135 secondo l'UNWTO. Gli arrivi erano 529 milioni nel 1995 e sono quindi raddoppiati in meno di vent'anni. Nel 2012, per la prima volta nella storia, si è superato il miliardo di turisti.

Nel corso di questi 60 anni il turismo è cresciuto costantemente, nonostante alcuni brevi periodi di calo o stagnazione dovuti a fattori che si possono definire estranei al comparto stesso. Il riferimento va a shock di natura esogena, quali crisi di natura economica (il caso più recente è quello del 2008-2009) o eventi catastrofici di portata internazionale (l'11 settembre 2001 ad esempio).

La potenza di questo dato è evidente, ma assume proporzioni ancora maggiori se consideriamo anche il cosiddetto "turismo domestico", ovvero i movimenti di turisti all'interno dello stesso Paese. Sempre secondo l'UNWTO, sono tra 5 e 6 miliardi gli arrivi di turisti provenienti dagli stessi Paesi in cui risiedono.

Secondo i dati di UNWTO, solo nel corso dell'ultimo anno gli arrivi internazionali di turisti sono cresciuti a livello globale del 4,4%. L'aumento più significativo ha riguardato le Americhe (+8,1%), seguite da Asia ed Oceania (+5,4%) e dal Medio Oriente (+4,6%).

L'Europa, che in numero assoluto continua ad essere di gran lunga il continente più visitato dai turisti stranieri, ha segnato un +3%, trainata in particolare dall'Europa Sud Mediterranea e dal Nord Europa, che sfiorano un aumento del 7%.

E le previsioni per i prossimi anni annunciano ulteriori incrementi del movimento turistico: l'UNWTO stima che gli attuali 1,1 miliardi di arrivi internazionali di turisti diventeranno 1,8 da qui al 2030, con una crescita annua superiore al 3%.

Fig. 2 – Arrivi di turisti dall'estero nel Mondo (in milioni), 1995-2014

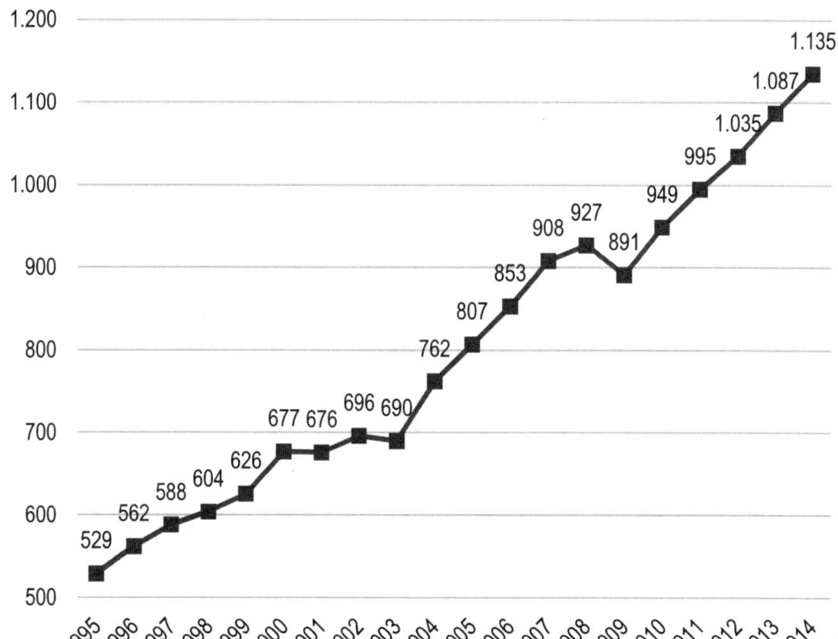

Fonte: UNWTO

Fig. 3 – Arrivi di turisti dall'estero nel Mondo nel 2014 per area (valori percentuali)

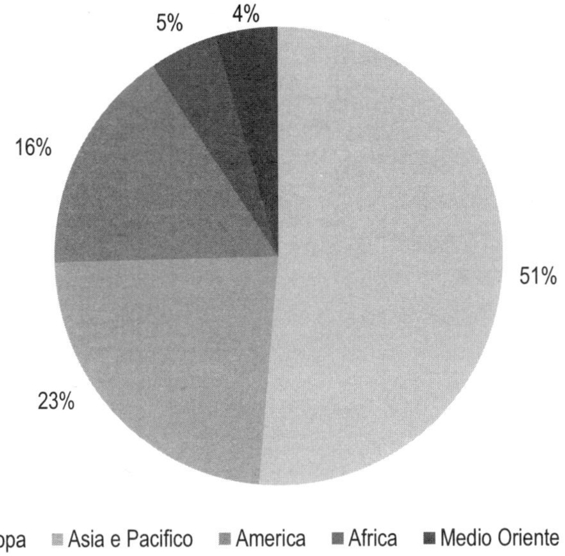

Fonte: UNWTO

D'altro canto, è evidente che gli ultimi decenni abbiano visto crescere in maniera esponenziale il numero di destinazioni che hanno deciso di investire nel turismo. Ciò è reso possibile dalla continua diversificazione delle esperienze turistiche, che ha fatto diventare il turismo uno dei settori più dinamici in assoluto. L'allargamento dell'arena competitiva ha negli ultimi anni alzato il livello della concorrenza tra destinazioni, costringendo di fatto le località turistiche a lavorare sul proprio livello di competitività.

Secondo i dati raccolti dall'UNWTO, la prima destinazione al Mondo è la Francia, con 83,7 milioni di arrivi di turisti stranieri nel 2014. Al secondo posto della graduatoria troviamo gli Stati Uniti con quasi 75 milioni di turisti, seguiti da Spagna (65 milioni), Cina (55,6 milioni) e con l'Italia (48,6 milioni) al quinto posto. Le prime dieci posizioni vengono completate da Turchia, Germania, Regno Unito, Russia e Messico. Proprio il Messico entra nella top ten nel 2014, grazie ad una crescita rispetto al 2013 superiore al 20%.

Tab. 1 – Arrivi di turisti stranieri per Paese (in milioni), 2013-2014

Paese	2013	2014	Variazione 2013-2014	
			Assoluta	%
Francia	83,6	83,7	0,1	0,1
Stati Uniti	70,0	74,8	4,8	6,8
Spagna	60,7	65,0	4,3	7,1
Cina	55,7	55,6	-0,1	-0,1
Italia	47,7	48,6	0,9	1,8
Turchia	37,8	39,8	2,0	5,3
Germania	31,5	33,0	1,5	4,6
Regno Unito	31,1	32,6	1,5	5,0
Russia	28,4	29,8	1,4	5,3
Tailandia	24,2	29,1	4,9	20,5

Fonte: UNWTO

1.2. Il valore economico del turismo a livello internazionale

In un momento, come quello attuale, in cui il Paese sta faticando a risollevarsi dopo una crisi economica che ha messo in seria difficoltà imprese e famiglie, non sono poche le "ricette" per la crescita che assegnano un ruolo trainante al turismo.

Si parla spesso, pertanto, del settore turistico e del suo importante contributo all'economia del Paese, elencando cifre e numeri che ne testimoniamo la rilevanza.

Gli effetti dello sviluppo turistico su una località o una regione sono numerosi e per la maggior parte di natura positiva. Dal punto di vista economico, infatti, il turismo porta con sé entrate ed aumento dei redditi in generale, nonché la crescita dell'occupazione. A questi effetti bisogna aggiungere quelli legati all'immagine e all'incremento della notorietà della destinazione.

Un altro tipo di impatto riguarda gli investimenti necessari a mettere in moto lo sviluppo turistico. In questo caso rappresentano dei costi per chi li deve sostenere (imprese del comparto ricettivo, amministrazioni locali o centrali), ma si tratta di attività in grado a loro volta di determinare un impatto in termini di addetti e ricchezza prodotta, basti pensare alla costruzione delle infrastrutture o agli interventi di miglioramento dell'accessibilità.

D'altra parte, lo sviluppo turistico – soprattutto se non in grado di considerare la sostenibilità della destinazione – può comportare anche effetti negativi, quali congestione, aumento dei prezzi o inquinamento. Si tratta di aspetti che possono comunque essere tenuti sotto controllo, attraverso alcune politiche mirate di attenzione all'ambiente, monitoraggio dei prezzi, gestione del sistema di accesso e della viabilità.

I dati dell'UNWTO testimoniano la rilevanza del turismo a livello globale. Il settore turistico, infatti, vale complessivamente il 9% del prodotto interno lordo, il 6% delle esportazioni, il 30% dell'export di servizi. Anche per quanto riguarda l'impatto sul mercato del lavoro, i numeri sono consistenti: 1 persona su 11, infatti, lavora nel settore turistico.

Esaminare la spesa a livello internazionale dei Paesi permette da un lato di valutare l'importanza dei diversi mercati e dall'altra di provare a delineare le prospettive di crescita dei prossimi anni.

Il Paese che spende di più per vacanze all'estero è la Cina, in forza del suo immenso bacino di popolazione. La Cina ha raggiunto il vertice della classifica solamente nel 2012: una serie di cause (l'aumento del reddito, la riduzione delle restrizioni ai viaggi all'estero, una moneta in fase di apprezzamento) ha comportato un aumento esponenziale della spesa turistica all'estero dal 2000.

Il secondo posto in graduatoria è occupato dagli Stati Uniti, il cui gap rispetto alla Cina è aumento notevolmente nel corso degli ultimi due anni, seguiti da Germania, Regno Unito e Russia. Il mercato russo, oggi il quinto in valore assoluto, ha raddoppiato la propria spesa dal 2010, ma ha registrato una flessione nel corso del 2014 a causa del deprezzamento del rublo.

La top ten è completata da Francia (che cresce in doppia cifra nel 2014), Canada, Italia, Australia e Brasile. Il Brasile è appena entrato nei primi dieci posti, mentre l'Italia ha guadagnato una posizione rispetto al 2013. Altri paesi in grado di esprimere aumenti significativi nel corso degli ultimi anni sono: Arabia Saudita, Norvegia, Svezia,

Spagna, India, Taiwan, Filippine, Qatar, Tailandia, Repubblica Ceca e Colombia.

L'aspetto forse più interessante è però dato dal valore pro capite di spesa. Il più basso, infatti, è quello della Cina (121 dollari per abitante), mentre il più alto è quello della Germania (oltre 1.100 euro). Questi dati ci suggeriscono come le potenzialità di crescita della Cina siano molto consistenti, considerando il bacino di popolazione di riferimento che nei prossimi anni potrebbe affacciarsi sul mercato turistico. Un discorso simile (ma a partire da un bacino di popolazione residente molto inferiore) vale per il Brasile, che esprime una spesa pro capite di 126 dollari.

Tab. 2 – Spesa per vacanze all'estero per Paese (in miliardi di dollari), 2013-2014

Paese	2013	2014	Variazione 2013-2014		Spesa per abitante (dollari)
			Assoluta	%	
Cina	128,6	164,9	36,3	28,2	121
Stati Uniti	104,1	110,8	6,7	6,4	347
Germania	91,4	92,2	0,8	0,9	1.137
Russia	52,7	57,6	4,9	9,3	893
Regno Unito	53,5	50,4	-3,1	-5,8	351
Francia	42,9	47,8	4,9	11,4	747
Canada	35,2	33,8	-1,4	-4,0	961
Australia	27,0	28,8	1,8	6,7	481
Italia	28,6	26,3	-2,3	-8,0	1.114
Brasile	25,0	25,6	0,6	2,4	126

Fonte: UNWTO

L'altra faccia della medaglia della spesa turistica è rappresentata dalle entrate derivanti dai turisti stranieri. Il valore maggiore di entrate riguarda gli Stati Uniti, che superano i 177 miliardi di dollari nel 2014. Molto distanziati gli altri paesi, con la Spagna al secondo posto e la Cina che sale al terzo superando la Francia e Macao. L'Italia è stabile al sesto posto con circa 45 miliardi di dollari di entrate, seguita da Regno Unito, Germania, Tailandia e Hong Kong.

Tab. 3 – Entrate da turisti stranieri per Paese (in miliardi di dollari), 2013-2014

Paese	2013	2014	Variazione 2013-2014	
			Assoluta	%
Stati Uniti	172,9	177,2	4,3	2,5
Spagna	62,6	65,2	2,6	4,2
Francia	51,7	56,9	5,2	9,2
Cina	56,7	55,4	-1,3	-2,3
Macao	51,8	50,8	-1,0	-1,9
Italia	43,9	45,5	1,6	3,7
Tailandia	41,0	45,3	4,3	4,8
Germania	41,3	43,3	2,0	4,9
Regno Unito	41,8	38,4	-3,4	-2,7
Hong Kong	38,9	38,4	-0,5	-1,5

Fonte: UNWTO

1.3. Un confronto europeo

Nonostante la crescita di nuove destinazioni a livello globale, l'Europa continua a rimanere il continente più visitato.

A livello di arrivi, nel 2013 nel complesso l'Italia mette insieme quasi 104 milioni di turisti, un dato distante solamente da quello di Francia e Germania.

Tuttavia, l'Italia è il primo paese in Europa per arrivi di turisti stranieri, con oltre 50 milioni, mentre i turisti italiani sono stati 53,6 milioni nel 2013. Questo ci lascia intendere che il punto forte del nostro Paese è l'attrattività nei confronti degli stranieri, mentre il mercato domestico vale meno della metà di quello tedesco o francese e negli ultimi anni ha anche evidenziato una flessione.

Tab. 4 – Arrivi totali di turisti per Paese, 2004-2013

Paese			Anno	Tasso di variazione %	
	2004	2012	2013	2004-2013	2012-2013
France	120.304.154	148.855.084	151.089.055	25,6	1,5
Germany	116.411.417	147.000.783	149.395.295	28,3	1,6
United Kingdom	77.328.735	104.767.784	-	35,5	-
Italy	85.956.568	103.733.157	103.848.321	20,8	0,1
Spain	83.734.765	100.409.178	101.673.090	21,4	1,3
Netherlands	25.672.800	31.150.585	34.050.183	32,6	9,3
Austria	24.765.560	32.325.646	32.940.265	33,0	1,9
Sweden	20.806.061	23.874.536	24.607.973	18,3	3,1
Poland	15.745.691	22.635.388	23.401.138	48,6	3,4
Greece	12.131.583	18.342.752	21.818.726	79,9	19,0
Norway	-	18.662.359	-	-	-
Portugal	11.711.926	14.645.363	15.709.074	34,1	7,3
Czech Republic	12.219.689	15.098.817	15.407.671	26,1	2,0
Belgium	11.157.880	13.857.262	14.152.360	26,8	2,1
Croatia	7.620.847	11.543.653	12.205.708	60,2	5,7
Finland	8.907.176	10.887.708	10.840.428	21,7	-0,4

Fonte: Eurostat. Nota: il "trattino" indica dati non disponibili

Tab. 5 – Arrivi di turisti stranieri per Paese, 2004-2013

Paese			Anno	Tasso di variazione %	
	2004	2012	2013	2004-2013	2012-2013
Italy	36.715.739	48.738.575	50.242.377	36,8	3,1
Spain	36.297.324	48.100.647	49.798.884	37,2	3,5
France	40.737.042	42.327.929	45.307.775	11,2	7,0
Germany	20.136.979	30.299.258	31.407.471	56,0	3,7
United Kingdom	17.578.735	21.853.784	-	24,3	-
Austria	16.634.206	21.211.722	21.782.737	31,0	2,7
Greece	6.461.062	11.461.751	13.785.706	113,4	20,3
Netherlands	9.647.000	11.633.584	12.782.900	32,5	9,9
Croatia	6.278.991	10.138.696	10.775.000	71,6	6,3
Portugal	5.654.081	7.503.252	8.400.252	48,6	12,0
Czech Republic	6.061.225	7.647.044	7.851.865	29,5	2,7
Belgium	6.709.740	7.591.393	7.684.285	14,5	1,2
Poland	3.934.064	4.979.294	5.242.972	33,3	5,3
Sweden	4.675.923	4.943.811	5.029.656	7,6	1,7
Norway	-	4.538.228	-	-	-
Hungary	3.269.868	4.163.641	4.387.692	34,2	5,4

Fonte: Eurostat. Nota: il "trattino" indica dati non disponibili

Tab. 6 – Arrivi di turisti residenti per Paese, 2004-2013

Paese			Anno	Tasso di variazione %	
	2004	2012	2013	2004-2013	2012-2013
Germany	96.274.438	116.701.525	117.987.824	22,6	1,1
France	79.567.112	106.527.156	105.781.280	32,9	-0,7
United Kingdom	59.750.000	82.914.000	-	38,8	-
Italy	49.240.829	54.994.582	53.605.944	8,9	-2,5
Spain	47.437.441	52.308.531	51.874.205	9,4	-0,8
Netherlands	16.025.800	19.517.001	21.267.283	32,7	9,0
Sweden	16.130.138	18.930.725	19.578.317	21,4	3,4
Poland	11.811.627	17.656.094	18.158.166	53,7	2,8
Norway	-	14.124.131	-	-	-
Austria	8.131.354	11.113.924	11.157.528	37,2	0,4
Finland	6.823.689	8.109.244	8.043.589	17,9	-0,8
Greece	5.670.521	6.881.001	8.033.020	41,7	16,7
Czech Republic	6.158.464	7.451.773	7.555.806	22,7	1,4
Portugal	6.057.845	7.142.111	7.308.822	20,7	2,3
Belgium	4.448.140	6.265.869	6.468.075	45,4	3,2
Romania	4.279.023	6.000.012	6.203.997	45,0	3,4

Fonte: Eurostat. Nota: il "trattino" indica dati non disponibili

In termini di presenze, l'Italia si colloca in terza posizione nella graduatoria europea complessiva, con 376,7 milioni di presenze turistiche, un dato peraltro non troppo lontano dai 403,6 milioni di presenze della Francia e dai 389,2 della Spagna.

Anche in questo caso, il posizionamento migliore viene raggiunto in riferimento ai mercati esteri, dove ci precede solo la Spagna: in Italia nel 2013 si sono registrati quasi 185 milioni di presenze di turisti stranieri contro i quasi 192 milioni di italiani. Interessante anche il trend, in quanto l'Italia è l'unica ad aver perso presenze tra 2012 e 2013 (seppur in misura ridotta: -1,1%), ma soprattutto ha visto un incremento di un terzo delle presenze di stranieri tra 2004 e 2013, a fronte del calo del mercato interno.

Tab. 7 – Presenze totali di turisti per Paese, 2004-2013

Paese			Anno	Tasso di variazione %	
	2004	2012	2013	2004-2013	2012-2013
France	283.017.422	400.525.558	403.577.275	42,6	0,8
Spain	344.269.394	382.670.976	389.211.987	13,1	1,7
Italy	345.616.227	380.711.483	376.709.081	9,0	-1,1
Germany	338.768.840	350.349.425	354.871.005	4,8	1,3
United Kingdom	231.410.571	303.564.528	-	31,2	-
Austria	95.258.076	109.540.720	110.687.373	16,2	1,0
Netherlands	80.912.600	84.050.408	96.074.132	18,7	14,3
Greece	52.554.021	78.177.354	91.910.642	74,9	17,6
Croatia	35.991.471	62.183.925	64.418.292	79,0	3,6
Poland	46.657.127	62.014.890	62.959.452	34,9	1,5
Sweden	42.665.991	48.585.972	49.710.427	16,5	2,3
Portugal	41.722.947	46.781.091	49.155.194	17,8	5,1
Czech Republic	40.780.708	43.278.457	43.308.279	6,2	0,1
Belgium	28.494.396	31.423.463	31.448.180	10,4	0,1
Norway	25.274.179	29.914.832	-	18,4	-
Denmark	26.119.065	28.040.235	28.500.837	9,1	1,6
Ireland	32.436.000	28.884.907	28.286.434	-12,8	-2,1

Fonte: Eurostat. Nota: il "trattino" indica dati non disponibili

Tab. 8 – Presenze di turisti stranieri per Paese, 2004-2013

Paese			Anno	Tasso di variazione %	
	2004	2012	2013	2004-2013	2012-2013
Spain	209.081.382	243.389.006	252.447.766	20,7	3,7
Italy	141.169.236	180.594.988	184.757.558	30,9	2,3
France	104.177.904	125.038.453	131.280.881	26,0	5,0
United Kingdom	73.860.571	105.455.528	-	42,8	-
Austria	68.274.375	77.158.431	78.433.546	14,9	1,7
Greece	38.796.196	60.823.008	71.537.744	84,4	17,6
Germany	45.373.852	68.161.503	71.191.942	56,9	4,4
Croatia	31.751.027	57.079.967	59.378.896	87,0	4,0
Portugal	24.617.451	29.033.970	32.078.773	30,3	10,5
Netherlands	25.386.300	27.845.942	31.770.508	25,1	14,1
Czech Republic	18.980.462	21.793.985	22.144.896	16,7	1,6
Belgium	15.544.514	16.644.416	16.511.721	6,2	-0,8
Bulgaria	10.303.560	13.451.440	14.370.426	39,5	6,8
Cyprus	13.636.517	13.488.127	13.152.589	-3,5	-2,5
Poland	9.312.939	11.876.599	12.471.268	33,9	5,0
Sweden	9.723.676	11.299.455	11.442.690	17,7	1,3
Ireland	20.236.000	11.839.245	10.871.806	-46,3	-8,2

Fonte: Eurostat. Nota: il "trattino" indica dati non disponibili

Tab. 9 – Presenze di turisti residenti per Paese, 2004-2013

Paese	Anno			Tasso di variazione %	
	2004	2012	2013	2004-2013	2012-2013
Germany	293.394.988	282.187.922	283.679.063	-3,3	0,5
France	178.839.518	275.487.105	272.296.394	52,3	-1,2
United Kingdom	157.550.000	198.109.000	-	25,7	-
Italy	204.446.991	200.116.495	191.951.523	-6,1	-4,1
Spain	135.188.012	139.281.970	136.764.221	1,2	-1,8
Netherlands	55.526.300	56.204.466	64.303.624	15,8	14,4
Poland	37.344.188	50.138.291	50.488.184	35,2	0,7
Sweden	32.942.315	37.286.517	38.267.737	16,2	2,6
Austria	26.983.701	32.382.289	32.253.827	19,5	-0,4
Norway	17.831.926	21.974.364	-	23,2	-
Czech Republic	21.800.246	21.484.472	21.163.383	-2,9	-1,5
Greece	13.757.825	17.354.346	20.372.898	48,1	17,4
Denmark	16.553.198	18.432.111	18.586.564	12,3	0,8
Ireland	12.200.000	17.045.662	17.414.628	42,7	2,2
Portugal	17.105.496	17.747.121	17.076.421	-0,2	-3,8
Romania	15.167.545	15.799.875	15.830.616	4,4	0,2
Belgium	12.949.882	14.779.047	14.936.459	15,3	1,1

Fonte: Eurostat. Nota: il "trattino" indica dati non disponibili

2. I NUMERI DEL TURISMO IN ITALIA

2.1. Il valore economico del turismo in Italia

Nonostante il turismo venga considerato uno dei settori più importanti e dinamici delle economie moderne, permane l'incertezza dei suoi confini e, conseguentemente, rimangono alcune difficoltà legate alla misurazione del suo valore.

Il turismo è infatti un fenomeno trasversale, definito dalla domanda (consumatori-viaggiatori) piuttosto che dall'offerta (industria), in quanto identificato dal consumo di prodotti di molte industrie eterogenee. La difficoltà della rilevazione statistica comporta la presenza di una molteplicità di "punti di vista" statistici, complementari, ma che in parte si sovrappongono, quali ad esempio la bilancia dei pagamenti ed il movimento turistico.

Il settore turistico si può "misurare" secondo due distinti metodi. Il primo – il cosiddetto approccio dal lato della domanda – considera il settore turistico a partire dalla spesa dei turisti. Il secondo invece – l'approccio dal lato dell'offerta – procede identificando tutte le attività economiche che hanno a che fare con i turisti. In aggiunta a questi due approcci, recentemente ha preso piede una metodologia in grado di tenere insieme domanda e offerta nel calcolo del valore prodotto dal settore turistico. Quest'ultimo metodo entra nel sistema della contabilità satellite.

Da un lato, infatti, le indagini condotte dal lato della domanda (prevalentemente presso le famiglie o i turisti stessi) indagano i comportamenti turistici, stimano viaggi, pernottamenti, escursioni, spese, numero dei turisti. Dall'altro, le indagini dal lato dell'offerta (condotte presso gli esercizi ricettivi) rilevano il movimento dei clienti presso gli stessi, i dati su arrivi e presenze, nonché la capacità e il numero degli esercizi ricettivi.

Il turismo, come noto, è un fenomeno orientato alla domanda e pertanto difficilmente misurabile sul piano economico. Non è infatti rappresentabile come un'unica attività economica, ma è un insieme di attività eterogenee: alcune dipendono in modo diretto dal turismo, altre solo in una certa misura poiché servono anche alla popolazione residente "non turista". Pertanto, nei conti economici le attività turistiche ricadono in diverse branche e al contempo molti beni e servizi utilizzati a fini turistici sono prodotti in branche che nulla hanno a che fare con il turismo.

Il ricorso alla contabilità satellite permette allora di creare il collegamento tra le statistiche del turismo e il sistema dei conti nazionali, e di dare così una valutazione economica al settore. Il conto satellite del turismo è un sistema di conti nazionali specifico per il settore del turismo, comparabile a livello internazionale, che contiene una dettagliata descrizione della contabilità dell'industria turistica e delinea un quadro d'insieme dell'occupazione nel settore turistico, della formazione del capitale e delle altre informazioni non monetarie in materia di turismo.

Il primo conto satellite del turismo è stato sviluppato dall'Istat nel 2012 con riferimento all'anno 2010. La metodologia condotta ha stimato che nel 2010 il valore aggiunto prodotto in Italia dalle attività connesse al turismo è stato pari a 82.833 milioni di euro, ovvero il 6% del valore aggiunto totale dell'economia. Si tratta di un'incidenza molto vicina a quella del settore delle costruzioni.

Le industrie turistiche contribuiscono per oltre trequarti al valore aggiunto complessivamente prodotto: oltre la metà va imputato ad alberghi, ristoranti e seconde case, mentre il resto si riferisce a trasporti, commercio, cultura e sport.

Tab. 10 – Produzione e valore aggiunto del turismo per attività economica (in milioni di euro), 2010

Industrie	Produzione turistica		Valore aggiunto turistico	
	Valore assoluto	Quota %	Valore assoluto	Quota %
Industrie turistiche	108.462	71,7	63.654	76,8
di cui				
Alloggi per visitatori	53.651	35,5	37.610	45,4
di cui alberghi	32.865	21,7	18.827	22,7
di cui seconde case	20.786	13,7	18.783	22,7
Ristorazione	14.787	9,8	7.393	8,9
Trasporto ferroviario	5.675	3,8	3.630	4,4
Trasporto su strada	4.300	2,8	2.818	3,4
Trasporto marittimo	2.076	1,4	960	1,2
Trasporto aereo	6.496	4,3	1.245	1,5
Noleggio attrezzature per trasporto	604	0,4	290	0,4
Agenzie di viaggio, tour op., servizi di prenot.	6.036	4,0	1.591	1,9
Servizi culturali	1.100	0,7	681	0,8
Sport e ricreazione	2.733	1,8	1.065	1,3
Commercio dettaglio beni tipici del Paese	11.003	7,3	6.372	7,7
Altre industrie	42.715	28,3	19.179	23,2
Totale	151.177	100,0	82.833	100,0

Fonte: Istat

Alla produzione del valore aggiunto contribuiscono, quindi, industrie turistiche e non. Per arrivare al calcolo finale, è stato applicato il cosiddetto "coefficiente turistico", che rappresenta la quota di produzione destinata alla domanda turistica.

Fig. 4 – Coefficiente turistico per prodotto (valori percentuali), 2010

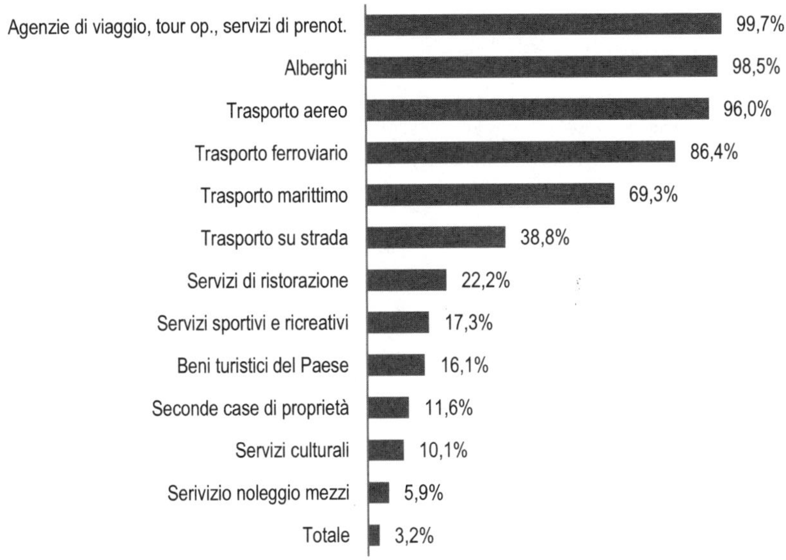

Fonte: Istat

Nel 2010 il consumo turistico interno è ammontato a 114.016 milioni di euro, pari a circa il 12% dei consumi finali interni. La parte prevalente va attribuita ai consumi turistici veri e propri (in totale circa il 70%), con la quota di spesa sostenuta dai turisti italiani pari ad oltre il 44%, mentre il turismo straniero rappresenta meno del 26%. Le altre componenti del consumo turistico considerano quanto non direttamente speso dai visitatori (il turismo per affari, le seconde case di proprietà, i consumi turistici collettivi sostenuti dalle amministrazioni pubbliche) e rappresentano circa il 30% della domanda turistica.

Sul totale del consumo turistico interno, il prodotto che ha un peso maggiore è quello relativo agli esercizi ricettivi (27,3%), seguito dalle seconde case di proprietà (16,7%) e dalla ristorazione (14,9%). La trasversalità economica del turismo è evidenziata dal fatto che una quota rilevante della spesa si concentra nei beni non caratteristici (prodotti alimentari, souvenir, abbigliamento, benzina).

Tab. 11 – Consumo turistico interno per prodotto (in milioni di euro), 2010

Prodotti	Spesa interna per turismo			Altre componenti consumo turistico	Totale	
	Turismo inbound	Turismo domestico	Totale		Valore assoluto	Quota %
Prodotti turistici caratteristici	22.306	39.480	61.786	33.808	95.594	83,8
di cui						
Servizi ricettivi per i visitatori	12.064	15.893	27.957	22.288	50.245	44,1
di cui seconde case	1.305	3.354	4.659	14.430	19.089	16,7
di cui resto	10.759	12.539	23.298	7.858	31.156	27,3
Servizi di ristorazione	6.604	10.426	17.031	0	17.031	14,9
Servizi di trasporto ferroviario passeggeri	216	1.639	1.854	677	2.531	2,2
Servizi di trasporto su strada passeggeri	696	2.087	2.783	494	3.277	2,9
Servizi di trasporto marittimo vie d'acqua passeggeri	42	1.823	1.866	1	1.867	1,6
Servizi di trasporto aereo passeggeri	1.138	2.507	3.645	3.593	7.238	6,3
Servizi di noleggio mezzi	204	340	544	339	883	0,8
Servizi delle agenzie di viaggio e altri servizi di prenot.	188	2.837	3.025	3.817	6.842	6,0
Servizi culturali	258	431	689	643	1.331	1,2
Servizi sportivi e ricreativi	896	1.496	2.393	1.957	4.349	3,8
Beni turistici specifici e non specifici del Paese	7.033	10.886	17.919	504	18.423	16,2
Totale	29.338	50.366	79.705	34.312	114.016	100,0

Fonte: Istat

Oltre alla contabilità satellite di Istat, un'altra misura del valore economico del turismo viene fornita dal World Travel & Tourism Council (WTTC). Il WTTC calcola il contributo diretto del comparto che definisce "Travel & Tourism" a partire dalle attività relative all'alloggio e alla ristorazione, ma includendo anche i servizi di trasporto, quelli relativi alle attività culturali, ricreative e sportive, nonché alcune attività commerciali. Per arrivare alla stima del contributo totale, invece, aggiunge l'impatto indiretto e indotto del settore "Travel & Tourism", che comprende spese ed investimenti compiuti dalle stesse imprese turistiche e dai vari livelli di governo.

Le stime condotte dal WTTC per l'Italia certificano un contributo diretto al Pil del comparto "Travel & Tourism" per il 2015 pari al 4,2%, mentre il contributo totale sale al 10,2%. Per quanto riguarda il mercato del lavoro, in termini diretti si stima un contributo all'occupazione nel 2014 appena sotto il 5% ed un impatto totale che raggiunge il 10,2%.

Si tratta di numeri in leggera ascesa rispetto al biennio 2013-2014, ma per certi aspetti ancora inferiori all'impatto del turismo di un decennio fa. Le stime per i prossimi dieci anni sono positive: per quanto riguarda il solo impatto diretto, nel 2025 si stima un contributo del settore "Travel & Tourism" pari al 4,6% del Pil e al 6% dell'occupazione. In termini di contributo totale, si prevede un impatto sul Pil e sull'occupazione nel 2025 dell'11%.

Tab. 12 – Contributo del settore viaggi e turismo al Pil in Italia (in milioni di euro), 2005-2015 e previsione 2025

Travel & Tourism					Anno
	2005	2013	2014	2015	2025
Contributo diretto al Pil					
Valori assoluti	72.871	65.014	66.044	67.247	82.418
Quota % sul totale	4,3	4,0	4,1	4,2	4,6
Contributo totale al Pil					
Valori assoluti	187.397	159.889	162.732	165.423	195.544
Quota % sul totale	10,9	9,8	10,1	10,2	11,0

Fonte: WTTC

Tab. 13 – Contributo del settore viaggi e turismo all'occupazione in Italia (in migliaia), 2005-2015 e previsione 2025

Travel & Tourism					Anno
	2005	2013	2014	2015	2025
Contributo diretto all'occupazione					
Valori assoluti	1.073	1.062	1.082	1.100	1.375
Quota % sul totale	4,7	4,7	4,8	4,9	6,0
Contributo totale all'occupazione					
Valori assoluti	2.727	2.508	2.553	2.588	3.036
Quota % sul totale	10,9	9,8	10,1	10,2	11,0

Fonte: WTTC

2.2. L'andamento delle imprese turistiche durante la crisi

Abbiamo visto in precedenza come la crisi abbia inciso solo in misura limitata nelle abitudini di consumo legate al turismo. Vediamo allora come la crisi ha invece segnato il mondo dell'impresa turistica, confrontando l'andamento del numero delle imprese nel settore turistico rispetto agli altri comparti, nel periodo più colpito dalla crisi, ovvero gli ultimi cinque anni.

Balza subito agli occhi un dato significativo: nel periodo 2009-2014 le imprese attive nel settore "alloggio e ristorazione" – ovvero quello che può essere approssimato al comparto turistico – sono aumentate di oltre il 10% (pari a quasi 34 mila imprese in più), mostrando la migliore performance a livello settoriale dopo i servizi alla persona (+17%). Gli unici altri due comparti in crescita sono quelli dei servizi tradizionali e dei servizi innovativi (+7%). Complessivamente, invece, le imprese in Italia calano del 2%.

L'aumento delle imprese attive nel settore "alloggio e ristorazione" è un fattore che accomuna tutte le regioni italiane, seppur con differenti tassi di crescita. L'incremento maggiore si registra in Sicilia (+17,6%), quello più lieve in Trentino Alto Adige (+2,5%). In Veneto la crescita nel quinquennio è stata del 6,7% (pari ad oltre 1.800 imprese in più), mentre in Friuli Venezia Giulia del 5,2% (quasi 400 imprese in più). Sia in Veneto che in Friuli Venezia Giulia l'aumento del settore "alloggio e ristorazione" rappresenta la terza migliore performance dopo i servizi alla persona e quelli tradizionali. In entrambe le regioni, la crescita del comparto turistico va in direzione opposta rispetto a quella dell'economia in generale, in quanto il totale delle imprese tra 2009 e 2014 diminuisce del 3,8% in Veneto e del 5,6% in Friuli Venezia Giulia.

Conseguentemente all'incremento del numero delle imprese, tra 2009 e 2014 aumenta la rilevanza del comparto turistico: le imprese attive nel settore "alloggio e ristorazione" pesavano il 6,3% sul totale nel 2009, mentre nel 2014 la loro quota aumenta al 7,1% (pari a circa 366.500 imprese). Nello stesso periodo, in Veneto la quota passa dal 6% al 6,6%, mentre in Friuli Venezia Giulia dal 7,6% all'8,5%.

Il Veneto è oggi la quarta regione (a pari merito con l'Emilia Romagna) per numero di imprese attive, dietro a Lombardia, Lazio e

Campania. Delle circa 441 mila imprese attive, più di 29 mila si riferiscono al settore "alloggio e ristorazione". Il Veneto fornisce l'8% delle imprese attive nel comparto turistico in Italia. In Friuli Venezia Giulia, invece, le imprese attive nel settore turistico sono quasi 8 mila, pari al 2,2% del totale in Italia.

Tab. 14 – Numero di imprese attive nel comparto "alloggio e ristorazione" e in totale, 2009-2014

Regione	Alloggio e ristorazione					Totale		
	2009		2014		T. var. % 2009-2014	2009	2014	T. var. % 2009-2014
	val. ass.	quota %	val. ass.	quota %				
Lombardia	47.602	5,8	53.209	6,5	11,8	823.268	817.862	-0,7
Lazio	33.746	7,3	38.426	8,0	13,9	459.334	478.708	4,2
Campania	30.190	6,3	33.859	7,2	12,2	476.229	472.935	-0,7
Veneto	27.391	6,0	29.222	6,6	6,7	458.352	440.997	-3,8
Emilia Romagna	27.098	6,3	29.224	7,0	7,8	427.890	414.775	-3,1
Piemonte	24.027	5,7	25.599	6,4	6,5	420.505	399.791	-4,9
Sicilia	18.755	4,8	22.052	5,9	17,6	388.372	371.995	-4,2
Toscana	23.993	6,6	26.497	7,4	10,4	365.373	357.528	-2,1
Puglia	18.071	5,3	20.786	6,3	15,0	338.598	330.200	-2,5
Calabria	10.291	6,6	11.334	7,3	10,1	156.923	155.775	-0,7
Marche	8.913	5,6	9.592	6,2	7,6	160.237	154.322	-3,7
Sardegna	10.672	7,1	11.661	8,1	9,3	149.275	143.923	-3,6
Liguria	13.310	9,3	13.842	10,0	4,0	142.511	138.543	-2,8
Abruzzo	8.615	6,5	9.544	7,4	10,8	132.460	128.789	-2,8
Trentino-Alto Adige	11.328	11,1	11.615	11,5	2,5	101.893	101.352	-0,5
Friuli-Venezia Giulia	7.540	7,6	7.935	8,5	5,2	98.794	93.230	-5,6
Umbria	4.881	5,9	5.448	6,7	11,6	83.269	81.778	-1,8
Basilicata	2.800	5,1	2.966	5,6	5,9	55.287	52.670	-4,7
Molise	1.925	5,9	2.059	6,6	7,0	32.513	31.083	-4,4
Valle d'Aosta	1.602	12,9	1.689	14,4	5,4	12.448	11.697	-6,0
Totale	332.750	6,3	366.559	7,1	10,2	5.283.531	5.177.953	-2,0

Fonte: elaborazioni su dati Infocamere

Scendendo maggiormente nel dettaglio, per quanto riguarda il solo comparto "alloggio", le imprese attive in Italia aumentano dell'8,4% tra 2009 e 2014 ed oggi sono quasi 45 mila. Il maggior numero di esse si trova in Trentino Alto Adige (5.830, pari al 13% del totale nazionale), con il Veneto ad occupare la settima posizione in graduatoria (3.470 imprese, pari al 7,7% dell'Italia) ed il Friuli Venezia Giulia quasi in fondo alla classifica (765 imprese, l'1,7% del totale).

Per quanto concerne, invece, i servizi di ristorazione, le imprese attive in Italia sono più di 320 mila e sono cresciute di oltre il 10% negli ultimi cinque anni. Circa 25.700 di queste si trovano in Veneto (pari all'8% del totale nazionale). Il numero maggiore di imprese attive nei servizi di ristorazione si trova in Lombardia (dove sono quasi 50 mila), quindi scorrendo la classifica si incontrano Lazio, Campania e, appunto, Veneto. In Friuli Venezia Giulia sono quasi 7.200, pari al 2,2% del totale Italia.

Tab. 15 – Numero di imprese attive nel comparto "alloggio" per regione, 2009-2014

Regione	Valori assoluti		Variazione 2009-2014		Quota % 2014
	2009	2014	Var. ass.	T.var.%	
Trentino - Alto Adige	5.800	5.830	30	0,5	13,0
Toscana	4.635	5.007	372	8,0	11,2
Emilia Romagna	4.390	4.354	-36	-0,8	9,7
Lazio	3.128	3.812	684	21,9	8,5
Lombardia	3.260	3.621	361	11,1	8,1
Campania	3.343	3.572	229	6,9	8,0
Veneto	3.300	3.470	170	5,2	7,7
Puglia	1.478	2.059	581	39,3	4,6
Sicilia	1.504	1.995	491	32,6	4,5
Piemonte	1.874	1.939	65	3,5	4,3
Liguria	1.880	1.845	-35	-1,9	4,1
Marche	1.163	1.175	12	1,0	2,6
Calabria	997	1.157	160	16,0	2,6
Abruzzo	1.053	1.149	96	9,1	2,6
Sardegna	964	1.135	171	17,7	2,5
Umbria	836	860	24	2,9	1,9
Friuli - Venezia Giulia	755	765	10	1,3	1,7
Valle d'Aosta	510	558	48	9,4	1,2
Basilicata	261	307	46	17,6	0,7
Molise	172	181	9	5,2	0,4
Totale	41.303	44.791	3.488	8,4	100,0

Fonte: elaborazioni su dati Infocamere

Tab. 16 – Numero di imprese attive nel comparto "servizi di ristorazione" per regione, 2009-2014

Regione	Valori assoluti		Variazione 2009-2014		Quota % 2014
	2009	2014	Var. ass.	T.var.%	
Lombardia	44.342	49.588	5.246	11,8	15,4
Lazio	30.618	34.614	3.996	13,1	10,8
Campania	26.847	30.287	3.440	12,8	9,4
Veneto	24.091	25.752	1.661	6,9	8,0
Emilia Romagna	22.708	24.870	2.162	9,5	7,7
Piemonte	22.153	23.660	1.507	6,8	7,4
Toscana	19.358	21.490	2.132	11,0	6,7
Sicilia	17.251	20.057	2.806	16,3	6,2
Puglia	16.593	18.727	2.134	12,9	5,8
Liguria	11.430	11.997	567	5,0	3,7
Sardegna	9.708	10.526	818	8,4	3,3
Calabria	9.294	10.177	883	9,5	3,2
Marche	7.750	8.417	667	8,6	2,6
Abruzzo	7.562	8.395	833	11,0	2,6
Friuli - Venezia Giulia	6.785	7.170	385	5,7	2,2
Trentino - Alto Adige	5.528	5.785	257	4,6	1,8
Umbria	4.045	4.588	543	13,4	1,4
Basilicata	2.539	2.659	120	4,7	0,8
Molise	1.753	1.878	125	7,1	0,6
Valle d'Aosta	1.092	1.131	39	3,6	0,4
Totale	291.447	321.768	30.321	10,4	100,0

Fonte: elaborazioni su dati Infocamere

Analogamente a quanto successo alle imprese attive nel comparto "alloggio e ristorazione", anche gli esercizi ricettivi – e conseguentemente il numero di posti letto a disposizione dei turisti – sono aumentati nonostante la congiuntura economica negativa.

Infatti, nel 2013, gli esercizi ricettivi in Italia sono circa 157.500, oltre 12 mila più rispetto al 2009 (+8,3%). L'aumento è stato trainato dal settore extralberghiero (+11,4%), a fronte di un lieve calo dell'alberghiero (-1,9%). Nel 2013 aumenta ancora il divario tra i due comparti in Italia: il sistema ricettivo alberghiero misura 33 mila unità contro le 124 mila dell'extralberghiero.

Più limitato l'incremento in termini di posti letto (+2,8%), che porta il totale oltre quota 4,7 milioni. In questo caso anche l'alberghiero registra una lievissima crescita (+0,2%), a fronte dell'ottimo trend per l'extralberghiero (+5,2%). Nel complesso, è molto ridotta la differenza in termini di numero di posti letto offerti dal comparto alberghiero e da quello extralberghiero: il primo ne mette insieme oltre 2,2 milioni, il secondo quasi 2 milioni e mezzo.

A livello regionale, il Veneto è di gran lunga l'area con il maggior numero di esercizi extralberghieri: sono oltre 52 mila contro i quasi 10 mila della Toscana, seconda regione in graduatoria. Gli esercizi alberghieri, invece, sono maggiormente presenti in Trentino Alto Adige (circa 5.500), Emilia Romagna (circa 4.500) e quindi in Veneto (poco più di 3 mila). In termini di posti letto offerti, il Veneto nel 2013 supera quota mezzo milione nell'extralberghiero, mentre si attesta a quota 212 mila nell'alberghiero.

Tra 2009 e 2013 il Veneto ha mantenuto costante il numero di esercizi alberghieri, aumentando di oltre il 10% quello degli esercizi extralberghieri. Per quanto riguarda i posti letto: costante l'alberghiero tra 2009 e 2013, +3,6% l'extralberghiero.

Il Friuli Venezia Giulia, invece, nel 2013 conta circa 700 strutture alberghiere e 4.700 extralberghiere. Tra 2009 e 2013 il comparto alberghiero ha praticamente mantenuto costante il numero di esercizi, mentre quello extralberghiero si è quasi dimezzato. In termini di posti letto, al 2013 il Friuli Venezia Giulia ne mette insieme quasi 41 mila nell'alberghiero (-1,4% nel periodo 2009-2013) e meno di 100 mila nell'extralberghiero (-15,3%).

Analizzando la composizione del settore alberghiero si può osservare il predominio degli hotel a 3 stelle: rappresentano il 46% del comparto, in media, nel nostro Paese, ma percentuali analoghe caratterizzano anche Veneto e Friuli Venezia Giulia. Gli hotel a 2 stelle sono il 19%, quelli a 4 stelle il 16%. Residuale la quota delle strutture a 5 stelle: 1,2% in media in Italia, ma sono leggermente più diffusi in Veneto (1,4%), mentre quasi assenti in Friuli Venezia Giulia (0,3%). In termini di posti letto prevalgono sempre gli alberghi a 3 stelle (43% in media in Italia), ma sale di molto la quota dei 4 stelle (33%).

Per quanto riguarda l'extralberghiero, a differenza di una media italiana inferiore al 60%, gli alloggi in affitto sono più di 9 su 10 in Veneto ed 8 su 10 in Friuli Venezia Giulia. In termini di posti letto, invece, in totale in Italia primeggiano camping e villaggi turistici (53%). In Veneto, alloggi in affitto da un lato e camping e villaggi turistici dall'altro offrono sostanzialmente lo stesso numero di posti letto, mentre in Friuli Venezia Giulia l'offerta è dominata dagli alloggi in affitto (54%).

Tab. 17 – Numero di esercizi ricettivi per tipologia e per regione, 2009-2013

Regione	Alberghiero			Extralberghiero			Totale		
	2009	2013	T. var. % 2009-2013	2009	2013	T. var. % 2009-2013	2009	2013	T. var. % 2009-2013
Veneto	3.050	3.055	0,2	47.413	52.311	10,3	50.463	55.366	9,7
Toscana	2.880	2.862	-0,6	8.530	9.791	14,8	11.410	12.653	10,9
Trentino Alto Adige	5.845	5.487	-6,1	7.211	7.155	-0,8	13.056	12.642	-3,2
Lazio	1.992	2.037	2,3	5.964	7.189	20,5	7.956	9.226	16,0
Emilia-Romagna	4.503	4.453	-1,1	4.076	4.737	16,2	8.579	9.190	7,1
Lombardia	3.001	2.830	-5,7	3.064	4.516	47,4	6.065	7.346	21,1
Piemonte	1.562	1.518	-2,8	3.398	4.221	24,2	4.960	5.739	15,7
Sicilia	1.269	1.345	6,0	3.122	4.324	38,5	4.391	5.669	29,1
Friuli-Venezia Giulia	743	738	-0,7	8.932	4.702	-47,4	9.675	5.440	-43,8
Campania	1.672	1.695	1,4	2.675	3.445	28,8	4.347	5.140	18,2
Puglia	957	1.015	6,1	2.950	4.010	35,9	3.907	5.025	28,6
Sardegna	898	932	3,8	2.738	3.323	21,4	3.636	4.255	17,0
Marche	965	887	-8,1	1.867	3.300	76,8	2.832	4.187	47,8
Liguria	1.580	1.485	-6,0	2.415	2.697	11,7	3.995	4.182	4,7
Umbria	568	557	-1,9	3.116	3.343	7,3	3.684	3.900	5,9
Calabria	823	822	-0,1	1.547	2.066	33,5	2.370	2.888	21,9
Abruzzo	831	786	-5,4	1.329	1.598	20,2	2.160	2.384	10,4
Valle d'Aosta	498	466	-6,4	484	620	28,1	982	1.086	10,6
Basilicata	235	237	0,9	388	512	32,0	623	749	20,2
Molise	104	109	4,8	235	345	46,8	339	454	33,9
Italia	33.976	33.316	-1,9	111.454	124.205	11,4	145.430	157.521	8,3

Fonte: elaborazioni su dati Istat

Tab. 18 – Numero di posti letto negli esercizi ricettivi per tipologia e per regione, 2009-2013

Regione	Alberghiero			Extralberghiero			Totale		
	2009	2013	T. var. % 2009-2013	2009	2013	T. var. % 2009-2013	2009	2013	T. var. % 2009-2013
Veneto	212.539	212.589	0,0	482.876	500.066	3,6	695.415	712.655	2,5
Toscana	192.757	194.756	1,0	316.978	338.018	6,6	509.735	532.774	4,5
Emilia-Romagna	296.292	301.899	1,9	137.871	150.851	9,4	434.163	452.750	4,3
Trentino Alto Adige	245.687	237.376	-3,4	138.249	137.601	-0,5	383.936	374.977	-2,3
Lombardia	198.582	190.952	-3,8	135.594	152.067	12,1	334.176	343.019	2,6
Lazio	161.839	164.561	1,7	131.129	146.088	11,4	292.968	310.649	6,0
Puglia	85.662	96.263	12,4	144.265	151.436	5,0	229.927	247.699	7,7
Sicilia	120.172	126.553	5,3	68.833	77.858	13,1	189.005	204.411	8,2
Campania	114.405	115.021	0,5	83.829	89.025	6,2	198.234	204.046	2,9
Marche	67.039	61.880	-7,7	71.205	131.027	84,0	138.244	192.907	39,5
Piemonte	84.855	84.527	-0,4	96.452	106.424	10,3	181.307	190.951	5,3
Calabria	99.134	102.773	3,7	98.649	85.072	-13,8	197.783	187.845	-5,0
Sardegna	101.823	107.268	5,3	97.219	74.416	-23,5	199.042	181.684	-8,7
Liguria	73.989	64.746	-12,5	88.353	89.388	1,2	162.342	154.134	-5,1
Friuli-Venezia Giulia	41.324	40.746	-1,4	115.288	97.665	-15,3	156.612	138.411	-11,6
Abruzzo	50.917	50.144	-1,5	56.746	56.562	-0,3	107.663	106.706	-0,9
Umbria	29.313	29.190	-0,4	57.481	59.333	3,2	86.794	88.523	2,0
Valle d'Aosta	23.567	22.758	-3,4	29.954	30.415	1,5	53.521	53.173	-0,7
Basilicata	22.447	23.640	5,3	16.123	15.473	-4,0	38.570	39.113	1,4
Molise	6.296	6.181	-1,8	4.626	5.572	20,4	10.922	11.753	7,6
Italia	2.228.639	2.233.823	0,2	2.371.720	2.494.357	5,2	4.600.359	4.728.180	2,8

Fonte: elaborazioni su dati Istat

Fig. 5 – Numero di esercizi ricettivi del settore alberghiero per tipologia, quote % 2013 (Veneto, Friuli Venezia Giulia, Italia)

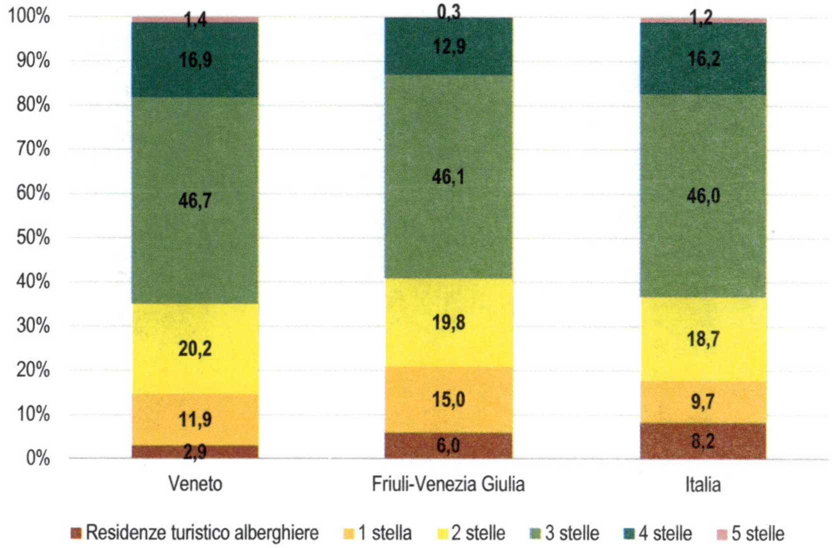

Fonte: elaborazioni su dati Istat

Fig. 6 – Numero di esercizi ricettivi del settore extralberghiero per tipologia, quote % 2013 (Veneto, Friuli Venezia Giulia, Italia)

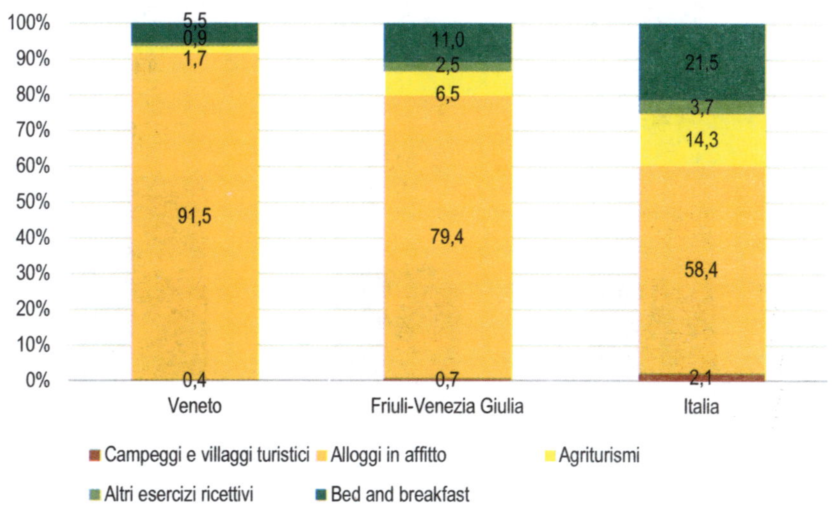

Fonte: elaborazioni su dati Istat

Fig. 7 – Numero di posti letto negli esercizi ricettivi del settore alberghiero per tipologia, quote % 2013 (Veneto, Friuli Venezia Giulia, Italia)

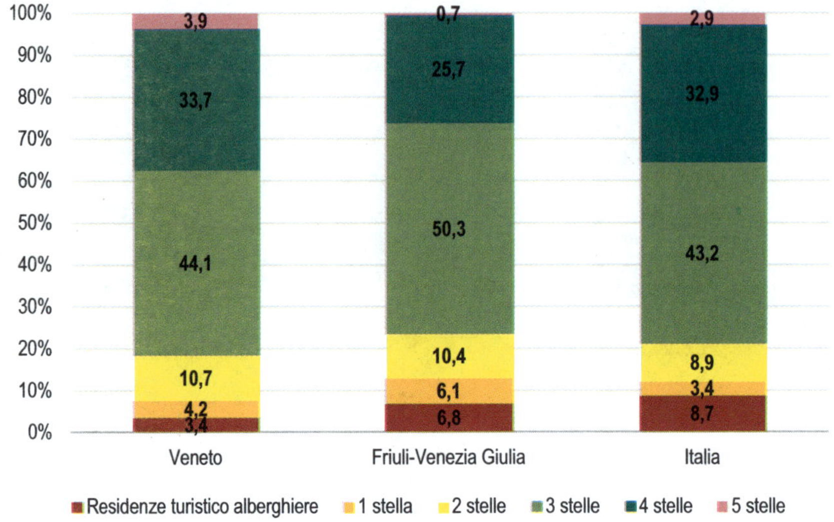

Fonte: elaborazioni su dati Istat

Fig. 8 – Numero di posti letto negli esercizi ricettivi del settore extralberghiero per tipologia, quote % 2013 (Veneto, Friuli Venezia Giulia, Italia)

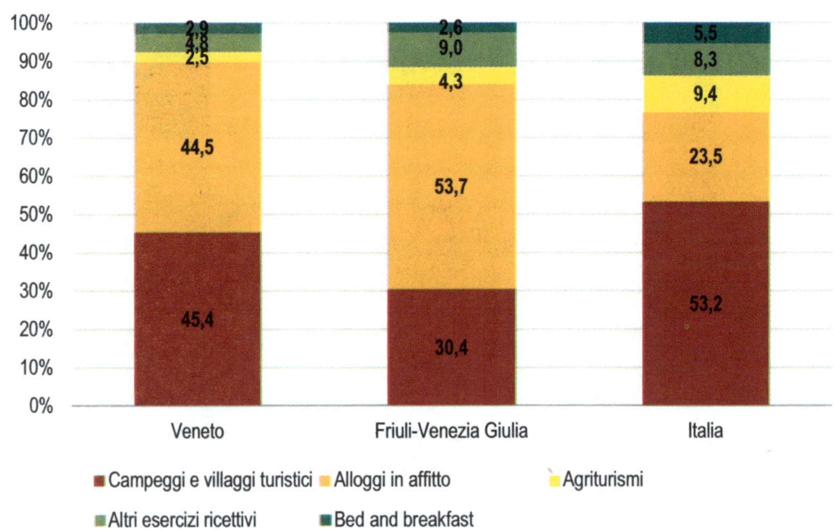

Fonte: elaborazioni su dati Istat

2.3. Gli addetti nel comparto turistico agli ultimi Censimenti

Continuiamo ad utilizzare come proxy del settore turistico i comparti "alloggio e ristorazione". In queste attività il censimento 2011 riporta un dato complessivo di oltre 1,2 milioni di addetti alle unità locali in tutta Italia, pari al 7,4% del totale. Si tratta di numeri in forte ascesa tra 2001 e 2011: con un +43% nell'arco del decennio è il comparto che maggiormente traina la crescita e che segna un incremento di gran lunga superiore a quello di tutti gli altri settori. In Italia gli addetti in più in dieci anni sono quasi 370 mila, con aumenti distribuiti in tutto il territorio nazionale, ma che in percentuale raggiungono il valore massimo in Puglia (+78%). La crescita degli addetti nel comparto "alloggio e ristorazione" è pari ad oltre la metà della crescita complessiva del numero di addetti in Italia tra 2001 e 2011.

Il Veneto è la terza regione per numero di addetti nei comparti "alloggio e ristorazione": nel 2011 sono circa 123.500, oltre 34 mila in più rispetto a dieci anni prima (+38,6%). Anche in Veneto si tratta del settore col più alto tasso di crescita; la quota sul totale passa dal 5,4% al 7,4% tra 2001 e 2011, un dato perfettamente in linea con il valore nazionale. Oggi in Veneto si concentra più del 10% degli addetti nei comparti "alloggio e ristorazione", un valore praticamente equivalente a quello del Lazio ed inferiore solamente a quello della Lombardia.

In Friuli Venezia Giulia gli addetti nel settore turistico sono quasi 28 mila (il 2,3% del totale Italia), con una crescita di poco inferiore ai 5 mila addetti nell'arco di un decennio. La regione mostra tuttavia l'aumento in proporzione più basso tra le regioni italiane (+21%), anche se la quota di addetti nel comparto turistico aumenta dal 5,9% al 7,4%.

Tab. 19 – Numero di addetti alle unità locali nel comparto "alloggio e ristorazione" e in totale, 2001-2011

Regione	Alloggio e ristorazione					Totale		
	2001		2011		T. var. % 2001-2011	2001	2011	T. var. % 2001-2011
	val. ass.	quota %	val. ass.	quota %				
Lombardia	139.575	4,1	212.927	6,1	52,6	3.382.412	3.496.393	3,4
Veneto	89.116	5,4	123.501	7,4	38,6	1.647.038	1.667.825	1,3
Lazio	87.155	6,5	124.537	8,1	42,9	1.331.076	1.544.224	16,0
Emilia Romagna	82.274	5,4	111.282	7,3	35,3	1.511.865	1.515.059	0,2
Piemonte	58.303	4,2	81.902	6,0	40,5	1.403.805	1.354.444	-3,5
Toscana	73.448	6,4	94.946	8,2	29,3	1.142.808	1.153.994	1,0
Campania	49.563	5,3	70.693	7,0	42,6	929.391	1.015.950	9,3
Sicilia	38.714	5,6	60.744	7,7	56,9	695.021	790.753	13,8
Puglia	31.990	4,5	57.018	7,4	78,2	712.934	771.425	8,2
Marche	21.499	4,5	31.816	6,6	48,0	479.020	485.185	1,3
Liguria	34.029	8,0	42.803	9,3	25,8	426.241	458.897	7,7
Friuli - Venezia Giulia	22.866	5,9	27.749	7,4	21,4	385.688	376.682	-2,3
Trentino - Alto Adige	40.864	13,0	62.364	17,2	52,6	314.761	362.303	15,1
Abruzzo	16.842	5,1	28.343	8,3	68,3	330.507	340.815	3,1
Sardegna	22.987	7,4	28.898	8,9	25,7	311.180	324.483	4,3
Calabria	16.103	6,3	23.197	7,7	44,1	257.300	301.427	17,2
Umbria	14.250	6,0	19.606	7,9	37,6	237.170	249.162	5,1
Basilicata	5.324	4,8	7.934	7,2	49,0	110.989	109.939	-0,9
Molise	3.322	5,2	4.665	7,4	40,4	64.088	62.802	-2,0
Valle d'Aosta	4.898	12,4	7.964	18,8	62,6	39.614	42.324	6,8
Totale	853.122	5,4	1.222.889	7,4	43,3	15.712.908	16.424.086	4,5

Fonte: elaborazioni su dati Istat

Analizzando i dati più in dettaglio, nel solo comparto "alloggio" gli addetti alle unità locali in Italia sono più di 218 mila nel 2011, in crescita del 6,4% rispetto al 2001 (oltre +13 mila addetti). È il Trentino Alto Adige la regione con il numero maggiore di addetti in questo settore (più di 36 mila, il 16,7% del totale), a precedere la Lombardia e il Veneto (quasi 23 mila pari al 10,5% del totale Italia). In flessione il dato del Friuli Venezia Giulia, dove gli addetti sono poco più di 3 mila (-16%).

Nei servizi di ristorazione, gli addetti sono più di un milione nel 2011, con un aumento significativo nell'arco di un decennio: +55%. Il 10% di essi (oltre 100 mila) si trova in Veneto (+53,5% nel decennio 2001-2011). Qualche migliaio di addetti in più è presente in Lazio, mentre in Lombardia sono più di 189 mila. In Friuli Venezia Giulia gli addetti sono quasi 25 mila (+28,5%).

Tab. 20 – Numero di addetti alle unità locali nel comparto "alloggio" per regione, 2001-2011

Regione	Valori assoluti		Variazione 2001-2011		Quota % 2011
	2001	2011	Var. ass.	T.var.%	
Trentino - Alto Adige	24.162	36.374	12.212	50,5	16,7
Lombardia	20.945	23.555	2.610	12,5	10,8
Veneto	23.613	22.983	-630	-2,7	10,5
Lazio	20.123	20.875	752	3,7	9,6
Toscana	20.851	20.013	-838	-4,0	9,2
Emilia Romagna	18.297	17.060	-1.237	-6,8	7,8
Campania	14.602	12.296	-2.306	-15,8	5,6
Sicilia	9.862	10.608	746	7,6	4,9
Piemonte	7.708	8.520	812	10,5	3,9
Liguria	8.188	7.789	-399	-4,9	3,6
Puglia	6.771	7.621	850	12,6	3,5
Abruzzo	3.579	5.031	1.452	40,6	2,3
Marche	4.291	4.524	233	5,4	2,1
Umbria	3.974	4.369	395	9,9	2,0
Sardegna	6.407	4.116	-2.291	-35,8	1,9
Calabria	3.962	3.714	-248	-6,3	1,7
Valle d'Aosta	2.065	3.506	1.441	69,8	1,6
Friuli - Venezia Giulia	3.670	3.087	-583	-15,9	1,4
Basilicata	1.164	1.377	213	18,3	0,6
Molise	610	625	15	2,5	0,3
Totale	204.844	218.043	13.199	6,4	100,0

Fonte: elaborazioni su dati Istat

Tab. 21 – Numero di addetti alle unità locali nel comparto "servizi di ristorazione" per regione, 2001-2011

Regione	Valori assoluti		Variazione 2001-2011		Quota % 2011
	2001	2011	Var. ass.	T.var.%	
Lombardia	118.630	189.372	70.742	59,6	18,8
Lazio	67.032	103.662	36.630	54,6	10,3
Veneto	65.503	100.518	35.015	53,5	10,0
Emilia Romagna	63.977	94.222	30.245	47,3	9,4
Toscana	52.597	74.933	22.336	42,5	7,5
Piemonte	50.595	73.382	22.787	45,0	7,3
Campania	34.961	58.397	23.436	67,0	5,8
Sicilia	28.852	50.136	21.284	73,8	5,0
Puglia	25.219	49.397	24.178	95,9	4,9
Liguria	25.841	35.014	9.173	35,5	3,5
Marche	17.208	27.292	10.084	58,6	2,7
Trentino - Alto Adige	16.702	25.990	9.288	55,6	2,6
Sardegna	16.580	24.782	8.202	49,5	2,5
Friuli - Venezia Giulia	19.196	24.662	5.466	28,5	2,5
Abruzzo	13.263	23.312	10.049	75,8	2,3
Calabria	12.141	19.483	7.342	60,5	1,9
Umbria	10.276	15.237	4.961	48,3	1,5
Basilicata	4.160	6.557	2.397	57,6	0,7
Valle d'Aosta	2.833	4.458	1.625	57,4	0,4
Molise	2.712	4.040	1.328	49,0	0,4
Totale	648.278	1.004.846	356.568	55,0	100,0

Fonte: elaborazioni su dati Istat

La rappresentazione cartografica dei dati ci permette di individuare i territori nei quali la rilevanza del comparto turistico è maggiore.

La Figura 9 classifica i comuni italiani sulla base della quota di addetti alle unità locali nel comparto "alloggio": in blu vengono rappresentati i comuni con una quota superiore al 5% sul totale, mentre con intensità decrescenti di azzurro rispettivamente i comuni con una quota compresa tra l'1% ed il 5% e quelli con una quota inferiore all'1%.

A livello territoriale, i comuni con la quota maggiore di addetti nel comparto "alloggio" sono localizzati nei comuni a vocazione turistica, ma principalmente in quelli montani. In particolare sono i comuni del Trentino e dell'Alto Adige a mostrare una prevalenza di addetti negli esercizi ricettivi.

Il fenomeno coinvolge altre località dell'arco alpino, dal Piemonte al Friuli Venezia Giulia ed è particolarmente marcato in Valle d'Aosta. Le "macchie blu" si estendono a qualche comune costiero dell'Alto Adriatico tra Veneto e Friuli Venezia Giulia, ma anche alla zona del Lago di Garda. Si colorano poi numerose aree appenniniche e in generale diverse zone tra Toscana e Umbria. Meno marcato, invece, il fenomeno al Sud, dove riguarda solo alcune località costiere, più diffusamente presenti in Campania, Puglia e Sardegna.

La Figura 10 concentra l'attenzione sul Nord Italia ed estende l'analisi alla ristorazione: in questo caso il blu colora i comuni con una quota di addetti nei comparti alloggio e ristorazione superiore al 20%.

La geografia della densità degli addetti al comparto turistico non cambia poi di molto, con una maggiore diffusione in Trentino, Alto Adige e Valle d'Aosta, oltre che in generale lungo l'arco alpino. Come nell'immagine precedente, alcune macchie blu sono presenti lungo l'Alto Adriatico tra Veneto e Friuli Venezia Giulia, ma si notano anche in Liguria, nell'area del Lago di Garda, in alcune aree dell'Appennino e in generale in Toscana.

Fig. 9 – Quota % degli addetti alle unità locali nel comparto "alloggio" sul totale, 2011

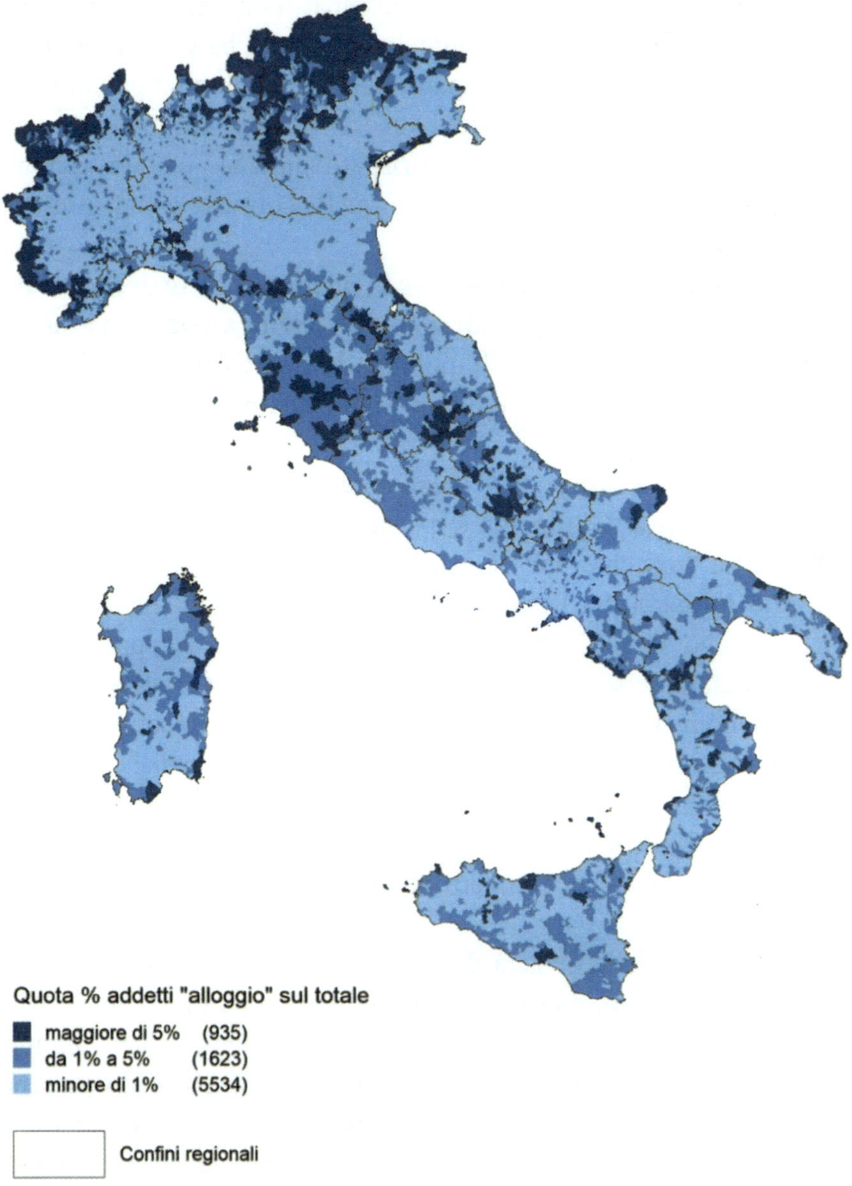

Fonte: elaborazioni su dati Istat

Fig. 10 – Quota % degli addetti alle unità locali nel comparto "alloggio e ristorazione" sul totale, 2011

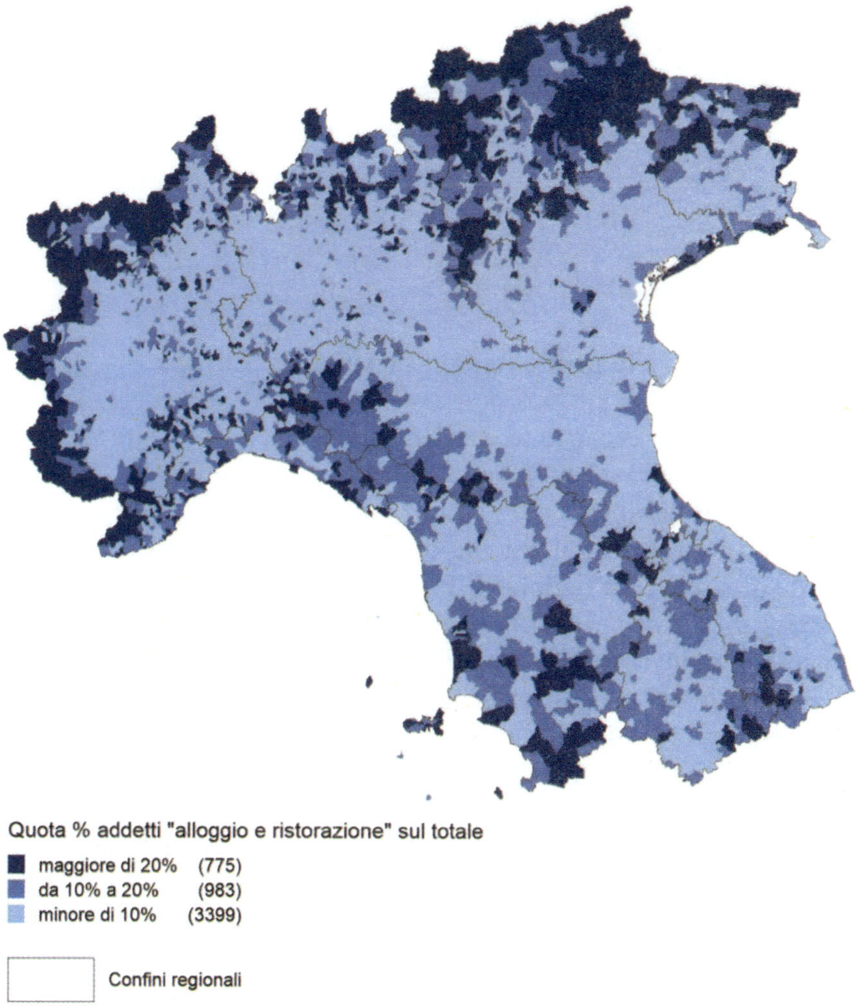

Fonte: elaborazioni su dati Istat

3. VENETO E FRIULI VENEZIA GIULIA NEL QUADRO DEL TURISMO ITALIANO

3.1. Il Veneto tra le prime regioni turistiche d'Europa

In un contesto europeo in cui l'Italia si trova stabilmente tra i primi 5 paesi più visitati al Mondo, il Veneto è tra le regioni europee più visitate in assoluto.

Per quanto riguarda il numero di arrivi, la graduatoria è dominata dall'Ile de France (la regione di Parigi) con circa 35 milioni e mezzo di arrivi di turisti nel 2013. A seguire due regioni spagnole e due francesi: Catalogna (quasi 20 milioni di arrivi), Andalusia (oltre 17 milioni), Provenza-Alpi-Costa Azzurra (più di 16 milioni e mezzo), Rodano-Alpi (16 milioni). Al sesto posto troviamo il Veneto, prima regione italiana, con poco meno di 16 milioni di arrivi nel 2013.

Il dato del Veneto assume ancora maggior valore se confrontato con quello delle altre regioni italiane presenti in graduatoria. Tra le prime 20 regioni europee, dopo il Veneto troviamo la Lombardia all'ottavo posto (13,6 milioni di arrivi), la Toscana al decimo (12 milioni), il Lazio al 15esimo (10,3 milioni) e l'Emilia-Romagna al 19esimo (9 milioni). Il Friuli Venezia Giulia, con poco più di 2 milioni di arrivi, si posiziona poco sotto la metà della graduatoria costruita sulle 290 regioni europee considerate dall'Eurostat.

Il Veneto sale addirittura al terzo posto in Europa nella graduatoria costruita in base al numero di arrivi di turisti stranieri, dietro solamente a Ile de France e Catalogna, con poco meno di 10 milioni e mezzo di turisti stranieri. Nella classifica degli arrivi di turisti stranieri risale molte posizioni il Friuli Venezia Giulia, posizionandosi intorno al 75esimo posto.

Il Veneto scende invece al 17esimo posto nella graduatoria relativa al mercato domestico, preceduto anche da Lombardia ed Emilia Romagna.

Tab. 22 – Arrivi totali di turisti per Regione, 2009-2013

Regione			Anno	Tasso di variazione %	
	2009	2012	2013	2009-2013	2012-2013
Île de France	30.665.346	35.646.592	35.570.545	16,0	-0,2
Cataluña	17.534.987	19.774.415	19.839.981	13,1	0,3
Andalucía	16.132.676	16.557.803	17.273.482	7,1	4,3
Provence-Alpes-Côte d'Azur	12.092.173	16.096.712	16.614.523	37,4	3,2
Rhône-Alpes	11.045.968	15.464.666	16.053.284	45,3	3,8
Veneto	13.945.187	15.818.490	15.984.757	14,6	1,1
Oberbayern	11.208.410	13.740.762	14.080.307	25,6	2,5
Lombardia	11.409.159	13.595.973	13.611.606	19,3	0,1
Inner London	-	12.363.260	-	-	-
Toscana	10.758.493	11.938.863	12.052.488	12,0	1,0
Canarias (ES)	9.955.495	11.273.043	11.573.199	16,2	2,7
Berlin	8.259.301	10.834.953	11.311.105	36,9	4,4
Jadranska Hrvatska	7.201.791	10.277.159	10.776.913	49,6	4,9
Noord-Holland	8.280.900	9.304.378	10.401.469	25,6	11,8
Lazio	10.244.332	10.298.408	10.298.408	0,5	0,0
Illes Balears	8.344.523	9.959.499	10.164.554	21,8	2,1
Comunidad de Madrid	9.425.204	10.495.973	9.810.675	4,1	-6,5
Comunidad Valenciana	8.395.990	8.668.008	9.030.854	7,6	4,2
Emilia-Romagna	8.688.492	9.097.401	9.016.284	3,8	-0,9
Darmstadt	7.173.382	8.624.730	8.874.486	23,7	2,9
Aquitaine	6.720.979	8.556.826	8.663.616	28,9	1,2
Tirol	7.544.211	8.312.629	8.552.390	13,4	2,9
Languedoc-Roussillon	6.941.896	8.303.250	8.505.625	22,5	2,4

Fonte: Eurostat. Nota: il "trattino" indica dati non disponibili

Tab. 23 – Arrivi di turisti stranieri per Regione, 2009-2013

Regione	Anno			Tasso di variazione %	
	2009	2012	2013	2009-2013	2012-2013
Île de France	13.358.126	15.758.201	16.966.569	27,0	7,7
Cataluña	9.170.470	11.427.674	11.755.535	28,2	2,9
Veneto	8.381.464	10.230.469	10.471.016	24,9	2,4
Jadranska Hrvatska	6.292.524	9.271.924	9.779.408	55,4	5,5
Canarias (ES)	6.893.465	8.584.575	8.981.550	30,3	4,6
Illes Balears	6.754.875	8.597.492	8.819.108	30,6	2,6
Inner London	-	7.790.260	-	-	-
Tirol	6.497.313	7.144.938	7.369.827	13,4	3,1
Andalucía	5.761.258	6.973.556	7.334.377	27,3	5,2
Lombardia	5.250.133	6.883.106	6.989.200	33,1	1,5
Toscana	5.237.588	6.448.902	6.747.165	28,8	4,6
Lazio	6.630.858	6.664.244	6.664.244	0,5	0,0
Noord-Holland	5.153.300	6.096.513	6.654.510	29,1	9,2
Provence-Alpes-Côte d'Azur	3.837.353	5.092.681	5.428.279	41,5	6,6
Praha	3.808.959	4.919.457	5.047.956	32,5	2,6
Oberbayern	3.371.340	4.384.273	4.583.096	35,9	4,5
Wien	3.348.795	4.370.805	4.558.758	36,1	4,3
Berlin	2.880.535	4.084.217	4.294.414	49,1	5,1
Comunidad de Madrid	3.796.022	4.477.428	4.205.546	10,8	-6,1
Rhône-Alpes	2.611.444	3.767.692	4.041.206	54,7	7,3
Salzburg	3.338.078	3.819.234	3.958.803	18,6	3,7
Provincia Autonoma di Bolzano	3.365.562	3.866.629	3.931.187	16,8	1,7
Comunidad Valenciana	2.659.418	3.131.571	3.489.824	31,2	11,4

Fonte: Eurostat. Nota: il "trattino" indica dati non disponibili

Tab. 24 – Arrivi di turisti residenti per Regione, 2009-2013

Regione			**Anno**	**Tasso di variazione %**	
	2009	**2012**	**2013**	**2009-2013**	**2012-2013**
Île de France	17.307.220	19.888.391	18.603.976	7,5	-6,5
Rhône-Alpes	8.434.524	11.696.974	12.012.078	42,4	2,7
Provence-Alpes-Côte d'Azur	8.254.820	11.004.030	11.186.243	35,5	1,7
Andalucía	10.371.418	9.584.247	9.939.105	-4,2	3,7
Oberbayern	7.837.070	9.356.489	9.497.211	21,2	1,5
Cataluña	8.364.517	8.346.741	8.084.445	-3,3	-3,1
Berlin	5.378.766	6.750.736	7.016.691	30,5	3,9
Aquitaine	5.455.771	6.997.600	7.009.799	28,5	0,2
Lombardia	6.159.026	6.712.867	6.622.406	7,5	-1,3
Languedoc-Roussillon	5.403.198	6.540.839	6.611.466	22,4	1,1
Mecklenburg-Vorpommern	6.476.359	6.501.273	6.575.612	1,5	1,1
Emilia-Romagna	6.714.907	6.752.061	6.525.254	-2,8	-3,4
Darmstadt	4.966.075	5.821.608	5.970.562	20,2	2,6
Comunidad de Madrid	5.629.182	6.018.544	5.605.128	-0,4	-6,9
Comunidad Valenciana	5.736.572	5.536.438	5.541.030	-3,4	0,1
Bretagne	4.525.398	5.298.813	5.540.355	22,4	4,6
Veneto	5.563.723	5.588.021	5.513.741	-0,9	-1,3
Pays de la Loire	4.718.414	5.464.222	5.452.118	15,5	-0,2
Schleswig-Holstein	5.097.237	5.262.000	5.374.256	5,4	2,1
Toscana	5.520.905	5.489.961	5.305.323	-3,9	-3,4
West Wales and The Valleys	3.306.902	5.113.000	-	54,6	-
Midi-Pyrénées	4.233.077	4.963.377	4.794.848	13,3	-3,4
Hamburg	3.561.446	4.428.365	4.651.251	30,6	5,0

Fonte: Eurostat. Nota: il "trattino" indica dati non disponibili

Il Veneto rimane ai vertici della graduatoria anche per quanto riguarda le presenze. A livello complessivo occupa il sesto posto, con circa 61 milioni e mezzo di presenze, dietro a tre regioni spagnole (Canarie, Catalogna e Isole Baleari), l'Ile de France e la regione costiera della Croazia. Nei primi 20 posti in Europa troviamo anche Toscana (11esimo posto con 42,7 milioni di presenze turistiche), Emilia Romagna (13esimo posto, 36,4 milioni), Lombardia (16esimo posto, quasi 34 milioni), Lazio (19esimo posto, 30,7 milioni) e la provincia di Bolzano (20esimo posto, 29 milioni). Il Friuli Venezia Giulia si posiziona intorno all'ottantesima posizione (su 290 regioni europee) con 8,8 milioni di presenze.

Per quanto riguarda il Veneto, quasi 41 milioni di presenze (pari circa ai due terzi) si riferiscono ai turisti stranieri, mentre i restanti 20 milioni e 650 mila riguardano gli italiani. Nel caso del Friuli Venezia Giulia, invece, le presenze sono divise quasi perfettamente a metà tra italiani e stranieri.

Il Veneto rimane la prima regione italiana nella classifica delle presenze turistiche straniere, confermando il sesto posto nella graduatoria comandata nuovamente dalle Canarie.

In termini di turismo domestico, invece, la graduatoria è comandata da tre regioni francesi seguite dall'Emilia Romagna, con il Veneto all'undicesimo posto.

Tab. 25 – Presenze totali di turisti per Regione, 2009-2013

Regione			Anno	Tasso di variazione %	
	2009	2012	2013	2009-2013	2012-2013
Canarias (ES)	74.753.527	87.549.896	89.812.124	20,1	2,6
Île de France	63.638.435	78.104.744	77.518.033	21,8	-0,8
Cataluña	60.954.363	69.692.113	70.521.899	15,7	1,2
Illes Balears	55.358.331	64.651.179	65.286.846	17,9	1,0
Jadranska Hrvatska	35.341.784	59.855.870	61.785.377	74,8	3,2
Veneto	60.444.395	62.352.831	61.536.258	1,8	-1,3
Provence-Alpes-Côte d'Azur	34.117.544	55.484.758	54.684.261	60,3	-1,4
Andalucía	50.198.859	51.496.216	53.815.982	7,2	4,5
Rhône-Alpes	25.335.950	48.709.067	48.828.855	92,7	0,2
Inner London	-	44.825.602	-	-	-
Toscana	40.971.354	42.651.126	42.696.395	4,2	0,1
Comunidad Valenciana	35.821.372	37.417.806	39.034.198	9,0	4,3
Emilia-Romagna	38.188.724	37.383.182	36.440.159	-4,6	-2,5
Tirol	33.441.600	34.684.574	35.102.108	5,0	1,2
Languedoc-Roussillon	25.216.754	33.686.937	34.258.726	35,9	1,7
Lombardia	29.456.808	33.366.636	33.960.641	15,3	1,8
Oberbayern	27.054.563	31.806.034	32.392.072	19,7	1,8
Aquitaine	21.721.847	30.104.651	30.951.305	42,5	2,8
Lazio	30.470.858	30.680.979	30.680.979	0,7	0,0
Provincia Autonoma di Bolzano	28.067.592	29.398.900	29.017.046	3,4	-1,3
Berlin	18.814.154	24.764.564	26.806.789	42,5	8,2
Mecklenburg-Vorpommern	25.337.840	24.814.396	24.949.973	-1,5	0,5
Kriti	19.187.154	20.687.531	23.327.136	21,6	12,8
Noord-Holland	18.882.100	19.961.251	22.467.095	19,0	12,6
Schleswig-Holstein	21.016.885	21.163.641	21.452.891	2,1	1,4
Salzburg	19.423.427	20.721.553	21.139.146	8,8	2,0

Fonte: Eurostat. Nota: il "trattino" indica dati non disponibili

Tab. 26 – Presenze di turisti stranieri per Regione, 2009-2013

Regione	Anno			Tasso di variazione %	
	2009	2012	2013	2009-2013	2012-2013
Canarias (ES)	60.865.157	75.425.863	78.104.937	28,3	3,6
Illes Balears	48.143.811	58.846.832	59.659.500	23,9	1,4
Jadranska Hrvatska	32.209.949	55.609.647	57.646.178	79,0	3,7
Cataluña	36.681.607	46.203.650	48.209.637	31,4	4,3
Île de France	33.843.234	41.889.173	44.215.144	30,6	5,6
Veneto	35.904.121	40.387.375	40.877.288	13,9	1,2
Inner London	-	36.469.602	-	-	-
Tirol	30.339.467	31.303.068	31.731.102	4,6	1,4
Andalucía	22.221.296	25.545.206	27.254.619	22,7	6,7
Toscana	19.031.859	22.307.426	23.166.029	21,7	3,8
Kriti	16.805.168	19.221.591	21.866.781	30,1	13,8
Notio Aigaio	15.190.234	16.320.834	20.912.941	37,7	28,1
Lazio	20.366.603	20.516.459	20.516.459	0,7	0,0
Provincia Autonoma di Bolzano	17.672.149	19.599.438	19.673.258	11,3	0,4
Lombardia	15.443.697	19.074.599	19.300.473	25,0	1,2
Provence-Alpes-Côte d'Azur	12.700.044	18.454.256	19.001.684	49,6	3,0
Comunidad Valenciana	15.238.732	17.317.710	18.989.780	24,6	9,7
Salzburg	14.481.490	15.470.590	15.842.461	9,4	2,4
Rhône-Alpes	7.713.764	14.154.343	14.531.683	88,4	2,7
Noord-Holland	10.816.700	12.357.479	13.749.451	27,1	11,3
Outer London	-	13.488.757	-	-	-
Kypros	11.666.665	13.488.127	13.152.589	15,6	-2,5
Praha	10.154.505	12.937.045	13.056.931	28,6	0,9
Algarve	10.082.878	11.641.993	12.387.231	22,9	6,4
Berlin	7.456.208	10.580.101	11.549.801	54,9	9,2
Wien	7.865.177	9.997.560	10.360.521	31,7	3,6

Fonte: Eurostat. Nota: il "trattino" indica dati non disponibili

Tab. 27 – Presenze di turisti residenti per Regione, 2009-2013

Regione			Anno	Tasso di variazione %	
	2009	2012	2013	2009-2013	2012-2013
Provence-Alpes-Côte d'Azur	21.417.500	37.030.502	35.682.578	66,6	-3,6
Rhône-Alpes	17.622.186	34.554.724	34.297.171	94,6	-0,7
Île de France	29.795.201	36.215.571	33.302.889	11,8	-8,0
Emilia-Romagna	29.486.361	27.750.506	26.620.887	-9,7	-4,1
Andalucía	27.977.563	25.951.010	26.561.363	-5,1	2,4
Languedoc-Roussillon	18.247.686	25.345.917	25.628.079	40,4	1,1
Mecklenburg-Vorpommern	24.533.489	23.896.871	24.005.013	-2,2	0,5
Aquitaine	16.174.743	23.241.615	23.554.889	45,6	1,3
Oberbayern	19.993.657	22.577.992	22.564.245	12,9	-0,1
Cataluña	24.272.756	23.488.463	22.312.262	-8,1	-5,0
Veneto	24.540.274	21.965.456	20.658.970	-15,8	-5,9
Comunidad Valenciana	20.582.640	20.100.097	20.044.419	-2,6	-0,3
Schleswig-Holstein	19.741.337	19.623.550	19.734.175	0,0	0,6
Toscana	21.939.495	20.343.700	19.530.366	-11,0	-4,0
Pays de la Loire	13.155.747	16.455.836	16.682.633	26,8	1,4
West Wales and The Valleys	11.352.667	16.000.000	-	40,9	-
Bretagne	12.210.279	15.166.836	15.795.962	29,4	4,1
Berlin	11.357.946	14.184.463	15.256.988	34,3	7,6
Lombardia	14.013.111	14.292.037	14.660.168	4,6	2,6
Weser-Ems	13.413.322	13.613.669	13.608.110	1,5	0,0
Midi-Pyrénées	9.114.677	13.033.780	12.857.031	41,1	-1,4
Cornwall and Isles of Scilly	11.505.879	11.731.000	-	2,0	-
Canarias (ES)	13.888.370	12.124.033	11.707.186	-15,7	-3,4
Poitou-Charentes	9.613.758	11.796.439	11.697.047	21,7	-0,8
Darmstadt	9.420.700	10.610.961	11.012.530	16,9	3,8
Puglia	10.862.942	11.005.268	10.912.527	0,5	-0,8

Fonte: Eurostat. Nota: il "trattino" indica dati non disponibili

3.2. Regioni di Nord Est leader nel turismo in Italia

Già individuata tra le principali destinazioni europee, il Veneto è la prima regione italiana per arrivi e presenze turistiche.

Secondo i dati del 2013 – gli ultimi disponibili per un confronto complessivo su base regionale – in Veneto si sono registrati quasi 16 milioni di arrivi. Si tratta di un dato di gran lunga superiore a quello delle altre regioni italiane. Al secondo posto per numero di arrivi c'è infatti la Lombardia, con circa 13,6 milioni, staccata di oltre 2 milioni di arrivi dal dato del Veneto. A seguire Toscana, Lazio, Trentino Alto Adige ed Emilia Romagna. Il 68% degli arrivi complessivi di turisti in Italia (quindi oltre 2 turisti su 3) si riferisce a queste 6 regioni.

Il Friuli Venezia Giulia mette insieme oltre 2 milioni di arrivi: se li sommiamo al dato di Veneto e Trentino Alto Adige superiamo i 27 milioni e mezzo di arrivi, che equivale al 26,5% del totale. Vale a dire che più di un turista su quattro in Italia, nel 2013, ha visitato le regioni di Nord Est.

In termini di presenze, la supremazia del Veneto è ancora più marcata, con oltre 61 milioni e mezzo di presenze nel 2013, contro i 44 milioni e mezzo del Trentino Alto Adige, i 42,7 della Toscana. A seguire, in graduatoria, Emilia Romagna, Lombardia e Lazio. Le prime 6 regioni mettono insieme il 66,3% delle presenze turistiche in Italia.

Il dato ancora più interessante riguarda però l'area di Nord Est. Se alle presenze di Veneto e Trentino Alto Adige sommiamo quelle del Friuli Venezia Giulia (7,8 milioni), raggiungiamo oltre il 30% del totale. Si tratta di un dato molto rilevante, che conferma ancora una volta l'importanza di quest'area per il turismo italiano nel complesso.

Tab. 28 – Arrivi di turisti in Italia per regione e nazionalità, 2013

Regione	Nazionalità		
	Italiani	Stranieri	Totale
Veneto	5.513.741	10.471.016	15.984.757
Lombardia	6.622.406	6.989.200	13.611.606
Toscana	5.305.323	6.747.165	12.052.488
Lazio	3.634.164	6.664.244	10.298.408
Trentino Alto Adige	4.191.536	5.299.763	9.491.299
Emilia-Romagna	6.533.065	2.504.803	9.037.868
Sicilia	2.470.358	2.003.018	4.473.376
Campania	2.483.608	1.876.610	4.360.218
Piemonte	2.787.209	1.490.737	4.277.946
Liguria	2.122.095	1.685.872	3.807.967
Puglia	2.579.750	607.990	3.187.740
Marche	1.835.035	389.313	2.224.348
Umbria	1.549.448	633.083	2.182.531
Sardegna	1.172.186	1.002.046	2.174.232
Friuli-Venezia Giulia	1.033.256	1.027.529	2.060.785
Abruzzo	1.322.554	188.658	1.511.212
Calabria	1.218.136	254.330	1.472.466
Valle d'Aosta	628.351	344.385	972.736
Basilicata	462.116	70.550	532.666
Molise	134.957	12.924	147.881
Totale Italia	53.599.294	50.263.236	103.862.530

Fonte: Istat

Tab. 29 – Presenze di turisti in Italia per regione e nazionalità, 2013

Regione	Nazionalità		
	Italiani	Stranieri	Totale
Veneto	20.658.970	40.877.288	61.536.258
Trentino Alto Adige	18.460.108	26.039.520	44.499.628
Toscana	19.530.366	23.166.029	42.696.395
Emilia-Romagna	26.611.060	9.838.480	36.449.540
Lombardia	14.660.168	19.300.473	33.960.641
Lazio	10.164.520	20.516.459	30.680.979
Campania	9.606.970	8.115.338	17.722.308
Sicilia	7.342.792	7.148.069	14.490.861
Puglia	10.912.527	2.446.689	13.359.216
Liguria	7.918.749	5.230.950	13.149.699
Piemonte	7.636.020	5.054.548	12.690.568
Marche	9.057.229	1.960.732	11.017.961
Sardegna	5.772.427	4.908.201	10.680.628
Calabria	6.339.422	1.663.416	8.002.838
Friuli-Venezia Giulia	3.700.614	4.141.763	7.842.377
Abruzzo	5.958.046	980.193	6.938.239
Umbria	3.613.737	2.072.217	5.685.954
Valle d'Aosta	1.863.062	1.117.940	2.981.002
Basilicata	1.776.900	172.223	1.949.123
Molise	408.546	42.854	451.400
Totale Italia	191.992.233	184.793.382	376.785.615

Fonte: Istat

Le medesime graduatorie, ma a livello provinciale, evidenziano la supremazia di Venezia in termini di presenze (quasi 34 milioni nel 2013); mentre prevale Roma per quanto riguarda gli arrivi (più di 9 milioni). Le regioni di Nord Est piazzano 6 province (su 13 in tutto) tra le prime 20 per numero di arrivi, mentre sono addirittura 7 – in questo caso tra le prime 30 – in termini di presenze.

Analizzando i dati nel dettaglio, tra le prime 7 province per numero di arrivi ci sono 4 realtà del Nord Est: infatti la classifica è guidata da Roma davanti a Venezia, Milano, Bolzano, Firenze, Verona e Trento. Ci sono poi Padova al 15esimo posto e Udine al 19esimo.

Nella graduatoria delle presenze, invece, Venezia precede Bolzano, Roma, Rimini, Trento e Verona (quindi 4 province del Nord Est tra le prime 6). Scorrendo la graduatoria troviamo Udine al 17esimo posto, Padova al 21esimo e Belluno al 24esimo.

Tab. 30 – Arrivi di turisti in Italia per provincia e nazionalità, 2013

Posizione	Provincia	Nazionalità		
		Italiani	Stranieri	Totale
1	Roma	2.667.793	6.360.301	9.028.094
2	Venezia	1.977.664	6.262.932	8.240.596
3	Milano	2.856.895	3.451.287	6.308.182
4	Bolzano	2.109.492	3.931.187	6.040.679
5	Firenze	1.308.175	3.306.944	4.615.119
6	Verona	1.256.592	2.438.444	3.695.036
7	Trento	2.082.044	1.368.576	3.450.620
8	Rimini	2.390.047	757.417	3.147.464
9	Napoli	1.452.597	1.385.658	2.838.255
10	Brescia	1.040.483	1.223.376	2.263.859
11	Torino	1.667.228	385.967	2.053.195
12	Perugia	1.338.563	534.689	1.873.252
13	Bologna	952.249	675.888	1.628.137
14	Siena	727.825	864.900	1.592.725
15	Padova	822.153	699.639	1.521.792
16	Genova	744.945	670.639	1.415.584
17	Ravenna	1.039.630	241.887	1.281.517
18	Livorno	776.258	434.690	1.210.948
19	Udine	573.542	598.994	1.172.536
20	Salerno	679.143	414.157	1.093.300
21	Varese	483.758	593.290	1.077.048
22	Grosseto	781.838	249.595	1.031.433
23	Palermo	537.538	488.178	1.025.716
24	Savona	730.080	294.150	1.024.230
25	Como	315.943	701.938	1.017.881
26	Forlì-Cesena	790.800	186.003	976.803
27	Aosta	628.351	344.385	972.736
28	Messina	433.374	514.490	947.864
29	Pisa	404.824	542.108	946.932
30	Lucca	476.694	437.236	913.930

Fonte: Istat

Tab. 31 – Presenze di turisti in Italia per provincia e nazionalità, 2013

Posizione	Provincia	Nazionalità		
		Italiani	Stranieri	Totale
1	Venezia	9.489.327	24.449.439	33.938.766
2	Bolzano	9.343.788	19.673.258	29.017.046
3	Roma	6.331.063	19.421.097	25.752.160
4	Rimini	11.458.128	4.046.578	15.504.706
5	Trento	9.116.320	6.366.262	15.482.582
6	Verona	3.078.812	11.016.322	14.095.134
7	Milano	6.203.869	7.394.722	13.598.591
8	Firenze	3.152.546	9.274.645	12.427.191
9	Napoli	5.441.019	6.000.734	11.441.753
10	Brescia	2.802.548	6.136.170	8.938.718
11	Livorno	4.906.124	3.204.596	8.110.720
12	Ravenna	4.913.327	1.318.558	6.231.885
13	Torino	4.625.023	1.312.214	5.937.237
14	Grosseto	3.952.959	1.696.812	5.649.771
15	Salerno	3.385.861	1.854.136	5.239.997
16	Forlì-Cesena	4.192.348	1.008.192	5.200.540
17	Udine	2.380.528	2.650.445	5.030.973
18	Perugia	3.174.115	1.817.518	4.991.633
19	Savona	3.673.430	1.286.223	4.959.653
20	Siena	1.913.215	2.898.439	4.811.654
21	Padova	2.439.645	2.157.488	4.597.133
22	Lecce	3.850.880	595.889	4.446.769
23	Foggia	3.663.546	729.687	4.393.233
24	Belluno	2.997.849	989.825	3.987.674
25	Olbia-Tempio	1.805.932	2.060.373	3.866.305
26	Messina	1.418.151	2.174.140	3.592.291
27	Teramo	2.978.832	562.714	3.541.546
28	Genova	1.833.542	1.596.781	3.430.323
29	Lucca	1.709.819	1.684.930	3.394.749
30	Bologna	1.901.845	1.399.522	3.301.367

Fonte: Istat

Il Nord Est si conferma l'area più rilevante per l'economia turistica nazionale, anche per quanto concerne la spesa dei turisti.

Secondo i dati della Banca d'Italia, infatti, il Veneto è la terza regione dietro a Lazio e Lombardia per spesa dei turisti stranieri. La spesa degli stranieri in Veneto è aumentata nell'ultimo decennio (+7,4%) ed in misura lieve nell'ultimo anno (+1,3%), ma la crescita è inferiore a quella di molte altre regioni italiane, in primis il Lazio. Ed infatti, in totale, la spesa degli stranieri in Italia è cresciuta del 19,4% tra 2004 e 2014 e del 3,6% rispetto al 2013.

Il Veneto detiene una quota pari a quasi il 14% della spesa dei turisti stranieri in Italia, in calo però rispetto al 15,5% del 2004.

Il Nord Est conferma la sua supremazia piazzando il Trentino Alto Adige al sesto posto e il Friuli Venezia Giulia all'undicesimo posto tra le regioni per spesa dei turisti stranieri. Tuttavia, entrambe mostrano una consistente flessione nell'ultimo decennio (circa -28% tra 2004 e 2014) e una conseguente diminuzione della quota sul totale nazionale: il Trentino Alto Adige scende dall'8% a meno del 5%, il Friuli Venezia Giulia passa da più del 4% al 2,5%.

Anche la spesa media dei turisti stranieri, calcolata per notte, ha conosciuto un trend di crescita nell'ultimo decennio, passando complessivamente in Italia da 88 a 105 euro. Anche in Veneto c'è stato un aumento, da un valore di 85 nel 2004 a 95 euro per notte nel 2014. Crescita della spesa media anche in Trentino Alto Adige (da 82 a 92 euro), mentre si registra una flessione in Friuli Venezia Giulia (da 107 a 99 euro).

La spesa pro capite maggiore in Italia, a livello regionale, si registra in Lazio e Lombardia, dove in media i turisti stranieri spendono 125 euro a notte. Le regioni di Nord Est si piazzano all'ottavo, nono e decimo posto: nonostante la flessione recente, a Nord Est è il Friuli Venezia Giulia la regione dove gli stranieri spendono di più per ogni notte trascorsa.

Tab. 32 – Spesa dei turisti stranieri in Italia per regione, 2004-2014

Regione	Valori assoluti (mil. €)			Quota %			Tasso di var. %	
	2004	2013	2014	2004	2013	2014	'13-'14	'04-'14
Lazio	3.916	5.774	6.131	13,7	17,5	17,9	6,2	56,6
Lombardia	4.488	5.545	5.800	15,7	16,8	16,9	4,6	29,2
Veneto	4.441	4.709	4.769	15,5	14,2	13,9	1,3	7,4
Toscana	3.161	3.802	4.005	11,0	11,5	11,7	5,3	26,7
Emilia Romagna	1.513	1.869	1.725	5,3	5,7	5,0	-7,7	14,0
Trentino Alto Adige	2.284	1.601	1.629	8,0	4,8	4,8	1,8	-28,7
Campania	1.304	1.433	1.545	4,5	4,3	4,5	7,8	18,5
Liguria	1.086	1.495	1.518	3,8	4,5	4,4	1,5	39,7
Sicilia	1.016	1.100	1.496	3,5	3,3	4,4	36,0	47,3
Piemonte	1.062	1.332	1.361	3,7	4,0	4,0	2,2	28,1
Friuli Venezia Giulia	1.181	830	848	4,1	2,5	2,5	2,1	-28,2
Sardegna	432	584	597	1,5	1,8	1,7	2,2	38,1
Puglia	544	621	521	1,9	1,9	1,5	-16,0	-4,3
Valle d'Aosta	219	277	332	0,8	0,8	1,0	19,8	51,7
Marche	309	331	302	1,1	1,0	0,9	-8,7	-2,4
Umbria	275	255	270	1,0	0,8	0,8	6,1	-1,7
Abruzzo	269	202	195	0,9	0,6	0,6	-3,6	-27,6
Calabria	264	136	168	0,9	0,4	0,5	23,6	-36,4
Basilicata	61	43	83	0,2	0,1	0,2	94,0	36,0
Molise	50	26	23	0,2	0,1	0,1	-11,6	-53,7
Non classificata	789	1.100	922	2,8	3,3	2,7	-16,1	16,8
Totale	28.665	33.064	34.240	100,0	100,0	100,0	3,6	19,4

Fonte: elaborazioni su dati Banca d'Italia

Tab. 33 – Spesa media per notte dei turisti stranieri in Italia per regione, 2004-2014

Regione	Valori assoluti (€)			Var. assoluta		Tasso di var. %	
	2004	2013	2014	'13-'14	'04-'14	'13-'14	'04-'14
Lazio	104	124	125	2	22	1,3	21,1
Lombardia	112	119	125	6	13	4,8	11,5
Veneto	85	96	95	-1	10	-1,0	11,2
Toscana	85	101	108	7	23	7,1	27,4
Emilia Romagna	72	88	86	-1	14	-1,7	20,1
Trentino Alto Adige	82	95	92	-3	10	-3,1	12,0
Campania	86	98	102	3	16	3,3	18,1
Liguria	98	130	124	-6	26	-4,8	26,2
Sicilia	79	95	101	6	22	6,5	28,0
Piemonte	73	84	88	5	16	5,5	21,4
Friuli Venezia Giulia	107	99	99	-1	-9	-0,8	-8,0
Sardegna	79	85	86	1	8	1,8	9,6
Puglia	60	65	63	-2	3	-2,9	5,4
Valle d'Aosta	93	102	110	7	16	7,3	17,6
Marche	65	62	72	10	8	16,7	12,2
Umbria	71	78	74	-5	3	-5,8	4,5
Abruzzo	55	62	63	0	7	0,3	13,0
Calabria	58	56	59	3	1	6,0	1,0
Basilicata	61	57	69	11	8	19,9	12,4
Molise	51	36	53	17	1	47,8	2,1
Totale	88	103	105	2	17	2,1	18,8

Fonte: elaborazioni su dati Banca d'Italia

Il Veneto è nei primissimi posti anche della graduatoria delle regioni italiane sulla base del saldo netto della bilancia dei pagamenti turistica, pari alla differenza tra la spesa degli stranieri in Italia e la spesa degli italiani all'estero, calcolata su base regionale.

Con un valore di quasi 2.800 milioni di euro, il Veneto raggiunge il terzo posto, dietro a Lazio e Toscana. Si tratta di un dato in leggero calo nel corso degli ultimi dieci anni, che ha fatto perdere la vetta della graduatoria occupata dal Veneto nel 2004.

Calo molto più consistente per il Trentino Alto Adige, che quasi dimezza il suo saldo netto nell'ultimo decennio, piazzandosi al quinto posto. Decimo posto a livello regionale per il Friuli Venezia Giulia, che nonostante una ripresa nel corso dell'ultimo anno, ha diminuito fortemente il saldo netto della bilancia dei pagamenti turistica, portandolo quasi in negativo.

Tab. 34 – Saldo netto della bilancia dei pagamenti turistica in Italia per regione (valori assoluti in milioni di euro), 2004-2014

Regione	**2004**	**2013**	**2014**
Lazio	1.931	2.821	3.432
Toscana	2.216	2.850	2.818
Veneto	3.025	2.783	2.782
Sicilia	616	642	1.005
Trentino Alto Adige	1.786	949	948
Liguria	621	954	914
Campania	601	356	488
Sardegna	212	334	354
Valle d'Aosta	168	232	271
Friuli Venezia Giulia	666	85	171
Calabria	102	2	33
Basilicata	-10	-40	13
Umbria	78	16	12
Molise	-2	-40	-27
Puglia	96	140	-48
Marche	-44	-80	-209
Abruzzo	-4	-150	-218
Emilia Romagna	141	106	-282
Lombardia	-421	-59	-416
Piemonte	-418	-247	-435
Totale	12.150	12.755	12.527

Fonte: elaborazioni su dati Banca d'Italia

3.3. Il movimento turistico in Veneto e Friuli Venezia Giulia

Prima regione italiana per movimento turistico, il Veneto mostra anche un trend decennale di tutto rispetto: dal 2004 al 2014 si sono registrati circa 4,2 milioni di arrivi in più pari ad un incremento di oltre un terzo; nello stesso periodo le presenze sono aumentate di circa 7,6 milioni (+14%). Il 2014 ha visto un +1,7% degli arrivi ed un +0,5% delle presenze.

Nell'ultimo decennio la quota degli italiani è scesa a fronte di un aumento di quella degli stranieri. A livello di arrivi, pur crescendo in valore assoluto il dato degli italiani, la quota dei connazionali in Veneto è scesa dal 40% al 35%; d'altro canto gli stranieri sono aumentati del 46% portando la loro quota al 65%. In termini di presenze il fenomeno è ancora più evidente, in quanto quelle degli italiani sono scese anche in valore assoluto ed oggi sono circa un terzo del totale (33%), mentre nell'ultimo decennio si sono registrati oltre 10 milioni di presenze di turisti stranieri in più (quota del 67%).

Il trend decennale del Friuli Venezia Giulia, d'altro canto, è positivo in termini di arrivi (+20% dal 2004 al 2014), ma negativo per quanto riguarda le presenze (-11%). Nel decennio considerato, il Friuli Venezia Giulia aumenta gli arrivi di circa 350 mila unità, ma al tempo stesso diminuisce le presenze di quasi un milione. Nell'ultimo anno, in particolare, si confermano le tendenze di lungo periodo con un leggero aumento degli arrivi (+0,7%) a fronte di un calo delle presenze (-3%).

Analogamente a quanto successo in Veneto, tra 2004 e 2014 aumenta la quota dei turisti stranieri a scapito di quelli italiani. Sia per quanto concerne gli arrivi che per le presenze, la componente straniera diventa la principale: se in termini di presenze la quota degli stranieri passa dal 40% al 54%, il sorpasso per quanto riguarda gli arrivi avviene solamente nel corso dell'ultimo anno.

Tab. 35 – Arrivi di turisti in Veneto per nazionalità, 2004-2014

Nazionalità	Valori assoluti			Quota %			Tasso di var. %	
	2004	2013	2014	2004	2013	2014	'13-'14	'04-'14
Italiani	4.816.379	5.513.938	5.664.767	39,9	34,5	34,8	2,7	17,6
Stranieri	7.247.161	10.471.034	10.597.712	60,1	65,5	65,2	1,2	46,2
Totale	12.063.540	15.984.972	16.262.479	100,0	100,0	100,0	1,1	34,8

Fonte: elaborazioni su dati Regione Veneto – Sezione Sistema Statistico Regionale

Tab. 36 – Presenze di turisti in Veneto per nazionalità, 2004-2014

Nazionalità	Valori assoluti			Quota %			Tasso di var. %	
	2004	2013	2014	2004	2013	2014	'13-'14	'04-'14
Italiani	23.226.187	20.656.552	20.554.969	42,8	33,6	33,2	-0,5	-11,5
Stranieri	31.003.410	40.876.729	41.304.997	57,2	66,4	66,8	1,0	33,2
Totale	54.229.597	61.533.281	61.859.966	100,0	100,0	100,0	0,5	14,1

Fonte: elaborazioni su dati Regione Veneto – Sezione Sistema Statistico Regionale

Tab. 37 – Arrivi di turisti in Friuli Venezia Giulia per nazionalità, 2004-2014

Nazionalità	Valori assoluti			Quota %			Tasso di var. %	
	2004	2013	2014	2004	2013	2014	'13-'14	'04-'14
Italiani	1.010.756	1.033.279	1.025.183	58,6	50,1	49,4	-0,8	1,4
Stranieri	712.773	1.027.545	1.049.572	41,4	49,9	50,6	2,1	47,3
Totale	1.723.529	2.060.824	2.074.755	100,0	100,0	100,0	0,7	20,4

Fonte: elaborazioni su dati Regione Friuli Venezia Giulia e Turismo FVG

Tab. 38 – Presenze di turisti in Friuli Venezia Giulia per nazionalità, 2004-2014

Nazionalità	Valori assoluti			Quota %			Tasso di var. %	
	2004	2013	2014	2004	2013	2014	'13-'14	'04-'14
Italiani	5.119.993	3.700.513	3.473.337	59,8	47,2	45,7	-6,1	-32,2
Stranieri	3.448.332	4.141.506	4.132.177	40,2	52,8	54,3	-0,2	19,8
Totale	8.568.325	7.842.019	7.605.514	100,0	100,0	100,0	-3,0	-11,2

Fonte: elaborazioni su dati Regione Friuli Venezia Giulia e Turismo FVG

Analizzando nel dettaglio l'evoluzione del movimento turistico in Veneto, per quanto riguarda gli italiani, più di un quarto oggi provengono dal Veneto stesso, se poi a questa quota aggiungiamo i turisti lombardi arriviamo quasi a metà degli arrivi complessivi dei connazionali. L'ultimo decennio ha visto un'importante crescita degli arrivi dall'Emilia-Romagna: oggi sono circa 476 mila pari ad oltre l'8% e dal 2004 al 2014 hanno registrato un aumento di quasi il 50%. I turisti provenienti dall'Emilia Romagna, peraltro, mostrano un buon andamento anche nel corso del 2014 (+6%). Gli ultimi dieci anni hanno poi visto un trend significativamente in crescita anche per gli arrivi dal Trentino Alto Adige (+43%), mentre è importante anche il +33% della Lombardia, il +22% del Friuli Venezia Giulia ed il +20% del Veneto. In flessione, invece, i turisti provenienti da molte regioni del centro e del sud, tra cui spicca il -12% della Puglia e il -10% del Lazio (quarto mercato italiano per il Veneto).

Per quanto concerne le presenze, in questo caso la quota dei turisti veneti è molto più importante, seppur in calo (37%). A seguire la Lombardia, con il 19% ed un trend praticamente stabile nell'ultimo decennio (+1%). Significativa la performance del Trentino Alto Adige, +16,5% tra 2004 e 2014, praticamente l'unica regione a mostrare una crescita importante.

Il principale mercato estero di provenienza dei turisti in Veneto è rappresentato dalla Germania, che da sola mette insieme il 22,6%

degli arrivi ed il 34,6% delle presenze. Se aggiungiamo la quota dell'Austria otteniamo il 31% degli arrivi ed il 43% delle presenze. Si tratta di quote molto importanti, ma in leggera flessione, nonostante l'aumento di arrivi e presenze. In altre parole, sebbene i turisti tedeschi nell'ultimo decennio mostrino un incremento di oltre un terzo degli arrivi e più di un quarto delle presenze, ci sono altre nazionalità che crescono di più. Quali sono, allora, i turisti in forte aumento in Veneto? Certamente non si tratta dei mercati nordamericano ed inglese, in quanto crescono a tassi inferiori a quello di lingua tedesca, mentre la Francia viaggia più o meno al ritmo di Germania ed Austria. Il vero boom è rappresentato dai turisti russi: mettevano insieme poco più di 200 mila presenze nel 2004, oggi si sfiora il milione. Significativo anche l'aumento dei cinesi, che diventano il quarto mercato in termini di arrivi (+387 mila nell'ultimo decennio). Importanti anche i trend di olandesi e svizzeri: in particolare i turisti provenienti dai Paesi Bassi sono il terzo mercato in termini di presenze (+53% tra 2004 e 2014). Insieme alla Russia crescono arrivi e presenze dagli altri paesi dell'Europa centro orientale, soprattutto Polonia e Repubblica Ceca. Notevole anche la crescita del Brasile, che in valore assoluto ha raggiunto il Giappone per quanto riguarda le presenze. Ottime le performance di Belgio e Australia; in flessione, invece, Spagna e Giappone.

Tab. 39 – Arrivi di turisti in Veneto per regione italiana di provenienza, 2004-2014

Regione	Valori assoluti			Quota %			Tasso di var. %	
	2004	2013	2014	2004	2013	2014	'13-'14	'04-'14
Veneto	1.239.532	1.492.729	1.486.219	25,7	27,1	26,2	-0,4	19,9
Lombardia	905.143	1.152.421	1.199.940	18,8	20,9	21,2	4,1	32,6
Emilia-Romagna	320.987	449.401	476.410	6,7	8,2	8,4	6,0	48,4
Lazio	416.641	380.050	373.668	8,7	6,9	6,6	-1,7	-10,3
Piemonte	310.360	349.024	366.658	6,4	6,3	6,5	5,1	18,1
Trentino-Alto Adige	212.425	288.051	304.659	4,4	5,2	5,4	5,8	43,4
Toscana	243.372	263.636	280.342	5,1	4,8	4,9	6,3	15,2
Friuli-Venezia Giulia	178.384	211.274	217.247	3,7	3,8	3,8	2,8	21,8
Campania	196.117	180.273	180.332	4,1	3,3	3,2	0,0	-8,0
Puglia	168.957	141.941	148.065	3,5	2,6	2,6	4,3	-12,4
Sicilia	114.963	120.685	126.651	2,4	2,2	2,2	4,9	10,2
Liguria	140.793	125.966	125.660	2,9	2,3	2,2	-0,2	-10,7
Marche	97.001	103.222	111.020	2,0	1,9	2,0	7,6	14,5
Abruzzo	65.000	61.860	66.187	1,3	1,1	1,2	7,0	1,8
Umbria	55.346	54.322	56.564	1,1	1,0	1,0	4,1	2,2
Calabria	59.169	49.945	51.879	1,2	0,9	0,9	3,9	-12,3
Sardegna	51.461	49.273	50.248	1,1	0,9	0,9	2,0	-2,4
Basilicata	18.831	18.127	20.225	0,4	0,3	0,4	11,6	7,4
Molise	12.078	10.657	11.866	0,3	0,2	0,2	11,3	-1,8
Valle d'Aosta	9.819	11.081	10.927	0,2	0,2	0,2	-1,4	11,3
Totale Italia	4.816.379	5.513.938	5.664.767	100,0	100,0	100,0	2,7	17,6
Totale stati esteri	7.247.161	10.471.034	10.597.712	-	-	-	1,2	46,2
Italia + stati esteri	12.063.540	15.984.972	16.262.479	-	-	-	1,7	34,8

Fonte: elaborazioni su dati Regione Veneto – Sezione Sistema Statistico Regionale

Tab. 40 – Presenze di turisti in Veneto per regione italiana di provenienza, 2004-2014

Regione	Valori assoluti			Quota %			Tasso di var. %	
	2004	2013	2014	2004	2013	2014	'13-'14	'04-'14
Veneto	9.280.283	7.892.016	7.590.981	40,0	38,2	36,9	-3,8	-18,2
Lombardia	3.945.696	3.972.295	3.974.832	17,0	19,2	19,3	0,1	0,7
Trentino-Alto Adige	1.065.440	1.225.645	1.240.874	4,6	5,9	6,0	1,2	16,5
Emilia-Romagna	1.214.559	1.199.353	1.226.008	5,2	5,8	6,0	2,2	0,9
Lazio	1.430.405	1.084.017	1.063.121	6,2	5,2	5,2	-1,9	-25,7
Piemonte	1.152.666	1.035.069	1.059.835	5,0	5,0	5,2	2,4	-8,1
Friuli-Venezia Giulia	920.492	861.926	839.787	4,0	4,2	4,1	-2,6	-8,8
Toscana	740.168	657.160	700.724	3,2	3,2	3,4	6,6	-5,3
Campania	674.234	514.145	529.429	2,9	2,5	2,6	3,0	-21,5
Puglia	635.970	459.323	474.941	2,7	2,2	2,3	3,4	-25,3
Sicilia	551.708	428.206	434.408	2,4	2,1	2,1	1,4	-21,3
Liguria	360.071	311.662	334.433	1,6	1,5	1,6	7,3	-7,1
Marche	298.065	275.443	289.805	1,3	1,3	1,4	5,2	-2,8
Abruzzo	220.053	167.320	182.665	0,9	0,8	0,9	9,2	-17,0
Calabria	207.660	157.014	165.388	0,9	0,8	0,8	5,3	-20,4
Sardegna	199.606	151.258	164.703	0,9	0,7	0,8	8,9	-17,5
Umbria	169.533	143.112	146.009	0,7	0,7	0,7	2,0	-13,9
Basilicata	70.223	55.935	64.843	0,3	0,3	0,3	15,9	-7,7
Molise	44.284	30.205	38.988	0,2	0,1	0,2	29,1	-12,0
Valle d'Aosta	45.071	35.448	33.195	0,2	0,2	0,2	-6,4	-26,3
Totale Italia	23.226.187	20.656.552	20.554.969	100,0	100,0	100,0	-0,5	-11,5
Totale stati esteri	31.003.410	40.876.729	41.304.997	-	-	-	1,0	33,2
Italia + stati esteri	54.229.597	61.533.281	61.859.966	-	-	-	0,5	14,1

Fonte: elaborazioni su dati Regione Veneto – Sezione Sistema Statistico Regionale

Tab. 41 – Arrivi di turisti in Veneto per paese straniero di provenienza, 2004-2014

Paese	Valori assoluti			Quota %			Tasso di var. %	
	2004	2013	2014	2004	2013	2014	'13-'14	'04-'14
Germania	1.776.238	2.355.590	2.390.285	24,5	22,5	22,6	1,5	34,6
Stati Uniti e Canada	766.732	864.396	891.249	10,6	8,3	8,4	3,1	16,2
Austria	613.445	746.932	776.519	8,5	7,1	7,3	4,0	26,6
Cina	234.954	539.373	622.232	3,2	5,2	5,9	15,4	164,8
Regno Unito e Irlanda	572.827	588.390	613.493	7,9	5,6	5,8	4,3	7,1
Francia	485.881	648.920	598.377	6,7	6,2	5,6	-7,8	23,2
Paesi Bassi	250.912	382.338	362.859	3,5	3,7	3,4	-5,1	44,6
Svizzera e Liechtenstein	228.699	357.349	356.329	3,2	3,4	3,4	-0,3	55,8
Russia	67.015	315.401	295.308	0,9	3,0	2,8	-6,4	340,7
Spagna	323.438	250.456	257.742	4,5	2,4	2,4	2,9	-20,3
Giappone	284.914	276.406	247.337	3,9	2,6	2,3	-10,5	-13,2
Polonia	85.867	206.216	221.439	1,2	2,0	2,1	7,4	157,9
Australia e Nuova Zelanda	129.920	209.652	205.741	1,8	2,0	1,9	-1,9	58,4
Brasile	38.687	180.903	180.895	0,5	1,7	1,7	0,0	367,6
Paesi Scandinavi	127.949	177.456	178.718	1,8	1,7	1,7	0,7	39,7
Repubblica Ceca	101.213	175.519	174.749	1,4	1,7	1,6	-0,4	72,7
Corea del Sud	74.901	150.669	166.956	1,0	1,4	1,6	10,8	122,9
Danimarca	139.242	177.231	163.827	1,9	1,7	1,5	-7,6	17,7
Belgio	112.546	160.807	161.552	1,6	1,5	1,5	0,5	43,5
Ungheria	120.943	124.080	133.514	1,7	1,2	1,3	7,6	10,4
India	-	98.320	100.064	-	0,9	0,9	1,8	-
Romania	52.398	91.963	91.196	0,7	0,9	0,9	-0,8	74,0
Israele	40.308	77.974	88.656	0,6	0,7	0,8	13,7	119,9
Turchia	24.194	74.026	76.962	0,3	0,7	0,7	4,0	218,1
Argentina	18.291	88.379	76.348	0,3	0,8	0,7	-13,6	317,4
Messico	46.392	60.365	63.691	0,6	0,6	0,6	5,5	37,3
Ucraina	16.287	75.697	54.982	0,2	0,7	0,5	-27,4	237,6
Altri Paesi Europei	273.726	497.174	517.399	3,8	4,7	4,9	4,1	89,0
Altri Paesi Asiatici e Medio Oriente	113.228	209.365	226.193	1,6	2,0	2,1	8,0	99,8
Altri Paesi	54.179	155.733	142.903	0,7	1,5	1,3	-8,2	163,8
Altri Paesi America	35.640	89.899	92.807	0,5	0,9	0,9	3,2	160,4
Africa	36.195	64.055	67.390	0,5	0,6	0,6	5,2	86,2
Totale stranieri	7.247.161	10.471.034	10.597.712	100,0	100,0	100,0	1,2	46,2

Fonte: elaborazioni su dati Regione Veneto – Sezione Sistema Statistico Regionale

Tab. 42 – Presenze di turisti in Veneto per paese straniero di provenienza, 2004-2014

Paese	Valori assoluti			Quota %			Tasso di var. %	
	2004	2013	2014	2004	2013	2014	'13-'14	'04-'14
Germania	11.293.732	13.985.645	14.291.965	36,4	34,2	34,6	2,2	26,5
Austria	3.097.060	3.355.675	3.482.123	10,0	8,2	8,4	3,8	12,4
Paesi Bassi	1.717.316	2.890.616	2.634.592	5,5	7,1	6,4	-8,9	53,4
Regno Unito e Irlanda	2.272.537	2.313.629	2.414.619	7,3	5,7	5,8	4,4	6,3
Stati Uniti e Canada	1.760.632	1.927.927	1.949.263	5,7	4,7	4,7	1,1	10,7
Francia	1.488.583	1.978.303	1.854.503	4,8	4,8	4,5	-6,3	24,6
Svizzera e Liechtenstein	1.271.667	1.692.818	1.687.206	4,1	4,1	4,1	-0,3	32,7
Danimarca	1.083.887	1.358.995	1.219.280	3,5	3,3	3,0	-10,3	12,5
Russia	215.993	1.018.995	981.731	0,7	2,5	2,4	-3,7	354,5
Repubblica Ceca	614.241	978.314	960.602	2,0	2,4	2,3	-1,8	56,4
Polonia	403.310	885.614	904.207	1,3	2,2	2,2	2,1	124,2
Cina	318.735	699.750	808.656	1,0	1,7	2,0	15,6	153,7
Belgio	496.412	717.392	700.991	1,6	1,8	1,7	-2,3	41,2
Paesi Scandinavi	577.979	655.474	647.685	1,9	1,6	1,6	-1,2	12,1
Spagna	712.743	568.360	601.357	2,3	1,4	1,5	5,8	-15,6
Ungheria	629.668	515.847	525.935	2,0	1,3	1,3	2,0	-16,5
Australia e Nuova Zelanda	298.160	529.729	493.357	1,0	1,3	1,2	-6,9	65,5
Giappone	433.318	405.120	383.506	1,4	1,0	0,9	-5,3	-11,5
Brasile	101.248	366.637	379.233	0,3	0,9	0,9	3,4	274,6
Romania	194.761	328.273	331.982	0,6	0,8	0,8	1,1	70,5
Israele	107.765	265.198	303.924	0,3	0,6	0,7	14,6	182,0
Slovacchia	149.731	260.339	274.343	0,5	0,6	0,7	5,4	83,2
Corea del Sud	101.647	197.832	234.410	0,3	0,5	0,6	18,5	130,6
India	-	154.228	165.437	-	0,4	0,4	7,3	-
Turchia	61.542	155.463	163.504	0,2	0,4	0,4	5,2	165,7
Argentina	48.370	174.177	152.496	0,2	0,4	0,4	-12,4	215,3
Ucraina	60.621	173.688	144.148	0,2	0,4	0,3	-17,0	137,8
Altri Paesi Europei	789.369	1.130.629	1.296.892	2,5	2,8	3,1	14,7	64,3
Altri Paesi Asiatici e Medio Oriente	219.204	405.472	470.291	0,7	1,0	1,1	16,0	114,5
Altri Paesi	173.290	285.513	307.619	0,6	0,7	0,7	7,7	77,5
Altri Paesi America	179.874	309.997	319.654	0,6	0,8	0,8	3,1	77,7
Africa	130.015	191.080	219.486	0,4	0,5	0,5	14,9	68,8
Totale stranieri	31.003.410	40.876.729	41.304.997	100,0	100,0	100,0	1,0	33,2

Fonte: elaborazioni su dati Regione Veneto – Sezione Sistema Statistico Regionale

L'analisi dettagliata del movimento turistico in Friuli Venezia Giulia mette in luce come, nel corso del 2014, il primo mercato italiano sia diventato la Lombardia. A onor del vero, per quanto riguarda il numero di arrivi, i turisti lombardi erano il primo bacino di provenienza dei turisti italiani già un decennio fa, mentre in termini di presenze il sorpasso su quelli del Friuli Venezia Giulia è avvenuto solamente nell'ultimo anno. Oggi, Lombardia, Veneto e Friuli Venezia Giulia mettono insieme quasi il 57% degli arrivi e poco meno del 64% delle presenze complessive. Nell'ultimo decennio, peraltro, i turisti lombardi hanno aumentato il numero di arrivi di oltre l'11%, nonostante la lieve flessione dell'ultimo anno. Tuttavia, la migliore performance nel periodo 2004-2014 è dell'Emilia Romagna (+20% degli arrivi), che si attesta come quarto mercato italiano per il Friuli Venezia Giulia. Nel corso dell'ultimo anno, a fronte della diminuzione degli arrivi provenienti da molte regioni italiane, un dato positivo è quello dei turisti del Piemonte, che aumentano di quasi il 10%, sfiorando in valore assoluto il numero di arrivi provenienti dal Lazio.

Per quanto riguarda le presenze, gli ultimi dieci anni mostrano flessioni che coinvolgono tutte le regioni: si va da un calo minimo per i turisti provenienti dall'Emilia Romagna (-1%) ad uno massimo di quelli proprio del Friuli Venezia Giulia (-59%). È poi significativo il -28% dei turisti del Veneto ed il -13% di quelli della Lombardia. L'ultimo anno, invece, oltre a molte performance negative, evidenzia anche quella positiva dei turisti provenienti dal Piemonte, che aumentano il numero delle presenze del 13%.

Il mercato tedesco è di gran lunga il primo mercato straniero di provenienza dei turisti in Friuli Venezia Giulia: Austria e Germania, infatti, mettono insieme nel 2014 quasi il 54% degli arrivi ed il 56% delle presenze. Il movimento turistico proveniente dal mercato tedesco è cresciuto in maniera significativa nell'ultimo decennio, ma le quote sono leggermente scese in virtù del boom di arrivi e presenze in particolare dall'Europa Orientale. È quest'ultimo, infatti, il secondo mercato straniero per il turismo in Friuli Venezia Giulia: Repubblica Ceca, Ungheria, Slovacchia e Polonia sono paesi cresciuti molto dal 2004 al 2014 e che complessivamente rappresentano quasi il 14% degli arrivi ed oltre il 15% delle presenze. Un discorso a parte, poi, merita il mercato russo: Russia, Bielorussia ed Ucraina erano quasi assenti dieci anni, mentre oggi mettono insieme quasi il 5% delle presenze. Infine, un forte incremento si registra per il movimento turistico proveniente da Serbia e Bosnia. I mercati in flessione, invece, sono soprattutto quello nordamericano (-40% in dieci anni delle presenze di statunitensi e canadesi) e quello inglese (-21% di presenze da parte dei vacanzieri di Regno Unito e Irlanda). Ma la diminuzione più consistente riguarda la Croazia (-42% delle presenze tra 2004 e 2014), mentre sono in diminuzione anche i turisti provenienti dal Nord Europa.

Tab. 43 – Arrivi di turisti in Friuli Venezia Giulia per regione italiana di provenienza, 2004-2014

Regione	Valori assoluti			Quota %			Tasso di var. %	
	2004	2013	2014	2004	2013	2014	'13-'14	'04-'14
Lombardia	203.375	229.602	226.621	20,1	22,2	22,1	-1,3	11,4
Veneto	197.614	209.143	203.737	19,6	20,2	19,9	-2,6	3,1
Friuli-Venezia Giulia	191.528	161.364	150.852	18,9	15,6	14,7	-6,5	-21,2
Emilia-Romagna	63.849	77.695	76.579	6,3	7,5	7,5	-1,4	19,9
Lazio	64.015	64.590	64.610	6,3	6,3	6,3	0,0	0,9
Piemonte	55.021	57.404	63.012	5,4	5,6	6,1	9,8	14,5
Toscana	34.557	40.872	41.324	3,4	4,0	4,0	1,1	19,6
Campania	34.675	30.844	33.001	3,4	3,0	3,2	7,0	-4,8
Trentino-Alto Adige	28.717	31.653	31.703	2,8	3,1	3,1	0,2	10,4
Puglia	29.514	26.311	25.451	2,9	2,5	2,5	-3,3	-13,8
Liguria	20.806	22.047	23.435	2,1	2,1	2,3	6,3	12,6
Sicilia	17.333	20.319	19.850	1,7	2,0	1,9	-2,3	14,5
Marche	16.647	17.370	18.053	1,6	1,7	1,8	3,9	8,4
Abruzzo	10.955	10.833	12.087	1,1	1,0	1,2	11,6	10,3
Umbria	13.306	9.579	9.746	1,3	0,9	1,0	1,7	-26,8
Sardegna	8.012	8.324	8.709	0,8	0,8	0,8	4,6	8,7
Calabria	10.984	7.632	8.498	1,1	0,7	0,8	11,3	-22,6
Basilicata	3.528	3.558	3.347	0,3	0,3	0,3	-5,9	-5,1
Valle d'Aosta	2.901	1.981	2.435	0,3	0,2	0,2	22,9	-16,1
Molise	3.419	2.158	2.133	0,3	0,2	0,2	-1,2	-37,6
Totale Italia	1.010.756	1.033.279	1.025.183	100,0	100,0	100,0	-0,8	1,4
Totale stati esteri	712.773	1.027.545	1.049.572	-	-	-	2,1	47,3
Italia + stati esteri	1.723.529	2.060.824	2.074.755	-	-	-	0,7	20,4

Fonte: elaborazioni su dati Regione Friuli Venezia Giulia e Turismo FVG

Tab. 44 – Presenze di turisti in Friuli Venezia Giulia per regione italiana di provenienza, 2004-2014

Regione	**Valori assoluti**			**Quota %**			**Tasso di var. %**	
	2004	**2013**	**2014**	**2004**	**2013**	**2014**	**'13-'14**	**'04-'14**
Lombardia	871.711	807.178	756.343	17,0	21,8	21,8	-6,3	-13,2
Veneto	1.029.274	789.444	736.862	20,1	21,3	21,2	-6,7	-28,4
Friuli-Venezia Giulia	1.756.907	818.278	722.953	34,3	22,1	20,8	-11,6	-58,9
Piemonte	230.091	192.009	217.022	4,5	5,2	6,2	13,0	-5,7
Emilia-Romagna	181.223	189.171	179.174	3,5	5,1	5,2	-5,3	-1,1
Lazio	203.047	181.747	172.414	4,0	4,9	5,0	-5,1	-15,1
Trentino-Alto Adige	119.462	110.646	109.256	2,3	3,0	3,1	-1,3	-8,5
Campania	125.044	106.629	102.657	2,4	2,9	3,0	-3,7	-17,9
Toscana	102.391	100.501	96.144	2,0	2,7	2,8	-4,3	-6,1
Puglia	112.154	89.616	75.742	2,2	2,4	2,2	-15,5	-32,5
Sicilia	84.991	86.010	70.696	1,7	2,3	2,0	-17,8	-16,8
Liguria	65.233	60.154	62.360	1,3	1,6	1,8	3,7	-4,4
Marche	50.512	41.606	43.847	1,0	1,1	1,3	5,4	-13,2
Abruzzo	32.915	28.251	30.692	0,6	0,8	0,9	8,6	-6,8
Umbria	42.250	24.836	26.268	0,8	0,7	0,8	5,8	-37,8
Sardegna	31.518	24.930	25.753	0,6	0,7	0,7	3,3	-18,3
Calabria	40.760	25.449	22.941	0,8	0,7	0,7	-9,9	-43,7
Basilicata	14.713	11.427	9.045	0,3	0,3	0,3	-20,8	-38,5
Valle d'Aosta	15.096	7.170	7.563	0,3	0,2	0,2	5,5	-49,9
Molise	10.701	5.461	5.605	0,2	0,1	0,2	2,6	-47,6
Totale Italia	5.119.993	3.700.513	3.473.337	100,0	100,0	100,0	-6,1	-32,2
Totale stati esteri	3.448.332	4.141.506	4.132.177	-	-	-	-0,2	19,8
Italia + stati esteri	8.568.325	7.842.019	7.605.514	-	-	-	-3,0	-11,2

Fonte: elaborazioni su dati Regione Friuli Venezia Giulia e Turismo FVG

Tab. 45 – Arrivi di turisti in Friuli Venezia Giulia per paese straniero di provenienza, 2004-2014

Paese	Valori assoluti			Quota %			Tasso di var. %	
	2004	2013	2014	2004	2013	2014	'13-'14	'04-'14
Austria	277.489	355.771	376.890	38,9	34,6	35,9	5,9	35,8
Germania	138.283	179.332	185.542	19,4	17,5	17,7	3,5	34,2
Polonia	13.585	44.631	46.038	1,9	4,3	4,4	3,2	238,9
Ungheria	30.928	33.905	38.092	4,3	3,3	3,6	12,3	23,2
Repubblica Ceca	17.677	36.102	36.313	2,5	3,5	3,5	0,6	105,4
Russia	6.040	41.792	32.869	0,8	4,1	3,1	-21,4	444,2
Svizzera	15.948	28.322	28.137	2,2	2,8	2,7	-0,7	76,4
Francia	22.661	28.440	27.492	3,2	2,8	2,6	-3,3	21,3
Stati Uniti e Canada	26.372	26.387	25.778	3,7	2,6	2,5	-2,3	-2,3
Slovacchia	7.172	21.515	23.918	1,0	2,1	2,3	11,2	233,5
Regno Unito e Irlanda	23.457	21.707	22.439	3,3	2,1	2,1	3,4	-4,3
Paesi Bassi	15.016	21.341	20.970	2,1	2,1	2,0	-1,7	39,7
Bielorussia e Ucraina	214	17.634	19.316	0,0	1,7	1,8	9,5	8.926,2
Romania	9.987	17.564	16.063	1,4	1,7	1,5	-8,5	60,8
Croazia	16.510	15.040	14.339	2,3	1,5	1,4	-4,7	-13,1
Paesi Scandinavi	12.235	14.527	13.943	1,7	1,4	1,3	-4,0	14,0
Slovenia	7.119	12.938	12.436	1,0	1,3	1,2	-3,9	74,7
Serbia e Bosnia-Erzegovina	455	13.111	12.426	0,1	1,3	1,2	-5,2	2.631,0
Cina e Giappone	4.299	9.538	12.071	0,6	0,9	1,2	26,6	180,8
Belgio	7.187	11.623	10.840	1,0	1,1	1,0	-6,7	50,8
Spagna	5.894	10.308	10.029	0,8	1,0	1,0	-2,7	70,2
Danimarca	9.188	10.893	8.759	1,3	1,1	0,8	-19,6	-4,7
Altri Paesi Europei	28.880	25.284	24.354	4,0	2,5	2,3	-3,7	-15,7
Altri Paesi Asiatici e Medio Oriente	5.554	9.709	10.571	0,8	0,9	1,0	8,9	90,3
America Centrale e Meridionale	4.999	9.857	9.740	0,7	1,0	0,9	-1,2	94,8
Oceania	3.100	5.474	5.519	0,4	0,5	0,5	0,8	78,0
Africa	3.094	4.800	4.688	0,4	0,5	0,4	-2,3	51,5
Totale stranieri	713.343	1.027.545	1.049.572	100,0	100,0	100,0	2,1	47,1

Fonte: elaborazioni su dati Turismo FVG

Tab. 46 – Presenze di turisti in Friuli Venezia Giulia per paese straniero di provenienza, 2004-2014

Paese	Valori assoluti			Quota %			Tasso di var. %	
	2004	2013	2014	2004	2013	2014	'13-'14	'04-'14
Austria	1.224.387	1.305.770	1.354.989	35,4	31,5	32,8	3,8	10,7
Germania	852.942	951.037	956.123	24,7	23,0	23,1	0,5	12,1
Repubblica Ceca	107.898	190.483	196.959	3,1	4,6	4,8	3,4	82,5
Ungheria	157.622	152.695	171.918	4,6	3,7	4,2	12,6	9,1
Russia	28.699	158.650	147.626	0,8	3,8	3,6	-6,9	414,4
Slovacchia	45.100	129.613	139.581	1,3	3,1	3,4	7,7	209,5
Polonia	58.651	119.705	119.363	1,7	2,9	2,9	-0,3	103,5
Paesi Bassi	90.687	124.268	113.398	2,6	3,0	2,7	-8,7	25,0
Svizzera	75.190	107.549	102.880	2,2	2,6	2,5	-4,3	36,8
Francia	74.874	88.356	85.112	2,2	2,1	2,1	-3,7	13,7
Stati Uniti e Canada	130.534	75.393	77.944	3,8	1,8	1,9	3,4	-40,3
Romania	45.596	88.571	75.714	1,3	2,1	1,8	-14,5	66,1
Regno Unito e Irlanda	82.139	62.550	64.788	2,4	1,5	1,6	3,6	-21,1
Danimarca	59.203	74.666	56.428	1,7	1,8	1,4	-24,4	-4,7
Croazia	79.910	60.631	46.330	2,3	1,5	1,1	-23,6	-42,0
Paesi Scandinavi	50.412	46.039	42.936	1,5	1,1	1,0	-6,7	-14,8
Bielorussia e Ucraina	780	39.641	42.233	0,0	1,0	1,0	6,5	5.314,5
Belgio	30.470	45.290	39.242	0,9	1,1	0,9	-13,4	28,8
Slovenia	26.553	38.379	34.611	0,8	0,9	0,8	-9,8	30,3
Serbia e Bosnia-Erzegovina	2.106	34.671	32.927	0,1	0,8	0,8	-5,0	1.463,5
Spagna	15.330	26.921	25.232	0,4	0,7	0,6	-6,3	64,6
Cina e Giappone	15.515	22.946	24.430	0,4	0,6	0,6	6,5	57,5
Altri Paesi Europei	119.219	80.245	70.329	3,5	1,9	1,7	-12,4	-41,0
Altri Paesi Asiatici e Medio Oriente	26.066	44.692	45.028	0,8	1,1	1,1	0,8	72,7
America Centrale e Meridionale	24.539	32.142	31.567	0,7	0,8	0,8	-1,8	28,6
Africa	16.808	24.584	17.851	0,5	0,6	0,4	-27,4	6,2
Oceania	13.102	16.019	16.638	0,4	0,4	0,4	3,9	27,0
Totale stranieri	3.454.332	4.141.506	4.132.177	100,0	100,0	100,0	-0,2	19,6

Fonte: elaborazioni su dati Turismo FVG

L'ultimo decennio ha mostrato cambiamenti anche a livello di esercizi ricettivi.

Per quanto riguarda il Veneto, in realtà, nel complesso la distribuzione del movimento turistico tra esercizi alberghieri e complementari rimane pressoché stabile tra 2004 e 2014 per le presenze, mentre in termini di arrivi aumenta leggermente la quota dei complementari (supera il 30%) a scapito degli alberghieri (appena sotto il 70%).

È però all'interno delle due grandi categorie di esercizi che si notano le differenze più interessanti. Gli alberghi più rinomati quasi raddoppiano gli arrivi nell'ultimo decennio, quelli più modesti ne perdono oltre un terzo; +66% le presenze dei 4 e 5 stelle, -44% negli 1 e 2 stelle. Il risultato finale vede la quota degli esercizi a 4 e 5 stelle diventare la più importante, superando anche i 3 stelle, a fronte di una quota degli alberghi a 1 e 2 stelle scesa ad un valore residuale.

Per quanto concerne gli esercizi complementari, l'aumento maggiore riguarda gli agriturismi, che partivano però da valori veramente modesti nel 2004. Importante anche l'incremento registrato dagli alloggi privati, soprattutto per gli arrivi (+58%). La quota maggiore rimane in capo a camping e villaggi turistici, che mettono insieme circa il 15% degli arrivi ed il 28% delle presenze.

In Friuli Venezia Giulia, d'altro canto, tra 2004 e 2014 aumenta decisamente la quota delle presenze nelle strutture alberghiere, che arrivano quasi a raggiungere quelle dell'extralberghiero. Si tratta di un fenomeno determinato in particolare dal calo delle presenze nelle strutture complementari (-23%), cui fa fronte una crescita modesta degli hotel (+6%).

Tab. 47 – Arrivi di turisti in Veneto per tipologia di esercizio ricettivo, 2004-2014

Esercizio ricettivo	Valori assoluti			Quota %			Tasso di var. %	
	2004	2013	2014	2004	2013	2014	'13-'14	'04-'14
Alberghi 5 e 4 stelle	3.124.740	5.680.210	5.862.514	25,9	35,5	36,0	3,2	87,6
Alberghi 3 stelle e res.	4.048.102	4.483.460	4.471.194	33,6	28,0	27,5	-0,3	10,5
Alberghi 2 e 1 stella	1.452.572	1.001.668	918.975	12,0	6,3	5,7	-8,3	-36,7
Totale alberghieri	8.625.414	11.165.338	11.252.683	71,5	69,8	69,2	0,8	30,5
Campeggi e villaggi turistici	1.882.921	2.344.845	2.410.465	15,6	14,7	14,8	2,8	28,0
Alloggi privati	1.012.259	1.577.699	1.600.492	8,4	9,9	9,8	1,4	58,1
Altri esercizi	491.368	685.853	768.318	4,1	4,3	4,7	12,0	56,4
Alloggi agro-turistici	51.578	211.237	230.521	0,4	1,3	1,4	9,1	346,9
Totale complementari	3.438.126	4.819.634	5.009.796	28,5	30,2	30,8	3,9	45,7
Totale	12.063.540	15.984.972	16.262.479	100,0	100,0	100,0	1,7	34,8

Fonte: elaborazioni su dati Regione Veneto – Sezione Sistema Statistico Regionale

Tab. 48 – Presenze di turisti in Veneto per tipologia di esercizio ricettivo, 2004-2014

Esercizio ricettivo	Valori assoluti			Quota %			Tasso di var. %	
	2004	2013	2014	2004	2013	2014	'13-'14	'04-'14
Alberghi 5 e 4 stelle	8.474.451	13.414.482	14.084.128	15,6	21,8	22,8	5,0	66,2
Alberghi 3 stelle e res.	12.989.543	13.167.329	13.024.530	24,0	21,4	21,1	-1,1	0,3
Alberghi 2 e 1 stella	4.820.393	2.960.336	2.709.289	8,9	4,8	4,4	-8,5	-43,8
Totale alberghieri	26.284.387	29.542.147	29.817.947	48,5	48,0	48,2	0,9	13,4
Campeggi e villaggi turistici	14.832.678	17.279.698	17.383.928	27,4	28,1	28,1	0,6	17,2
Alloggi privati	9.229.711	10.647.944	10.464.997	17,0	17,3	16,9	-1,7	13,4
Altri esercizi	3.671.546	3.384.613	3.455.948	6,8	5,5	5,6	2,1	-5,9
Alloggi agro-turistici	211.275	678.879	737.146	0,4	1,1	1,2	8,6	248,9
Totale complementari	27.945.210	31.991.134	32.042.019	51,5	52,0	51,8	0,2	14,7
Totale	54.229.597	61.533.281	61.859.966	100,0	100,0	100,0	0,5	14,1

Fonte: elaborazioni su dati Regione Veneto – Sezione Sistema Statistico Regionale

Tab. 49 – Arrivi di turisti in Friuli Venezia Giulia per tipologia di esercizio ricettivo, 2004-2014

Esercizio ricettivo	Valori assoluti			Quota %			Tasso di var. %	
	2004	2013	2014	2004	2013	2014	'13-'14	'04-'14
Alberghi 5 e 4 stelle	-	484.700	490.056	-	23,5	23,6	1,1	-
Alberghi 3 stelle e res.	-	785.581	782.784	-	38,1	37,7	-0,4	-
Alberghi 2 e 1 stella	-	148.781	135.349	-	7,2	6,5	-9,0	-
Totale alberghieri	1.164.074	1.419.062	1.408.189	67,5	68,9	67,9	-0,8	21,0
Campeggi e villaggi turistici	-	209.086	215.411	-	10,1	10,4	3,0	-
Alloggi in affitto	-	231.271	233.411	-	11,2	11,3	0,9	-
Altri esercizi	-	142.000	156.365	-	6,9	7,5	10,1	-
Alloggi agro-turistici	-	59.405	61.379	-	2,9	3,0	3,3	-
Totale complementari	559.455	641.762	666.566	32,5	31,1	32,1	3,9	19,1
Totale	1.723.529	2.060.824	2.074.755	100,0	100,0	100,0	0,7	20,4

Fonte: elaborazioni su dati Regione Friuli Venezia Giulia e Turismo FVG. Nota: il "trattino" indica dati non disponibili

Tab. 50 – Presenze di turisti in Friuli Venezia Giulia per tipologia di esercizio ricettivo, 2004-2014

Esercizio ricettivo	Valori assoluti			Quota %			Tasso di var. %	
	2004	2013	2014	2004	2013	2014	'13-'14	'04-'14
Alberghi 5 e 4 stelle	-	1.274.177	1.275.797	-	16,2	16,8	0,1	-
Alberghi 3 stelle e res.	-	2.091.327	2.037.930	-	26,7	26,8	-2,6	-
Alberghi 2 e 1 stella	-	452.066	375.843	-	5,8	4,9	-16,9	-
Totale alberghieri	3.483.900	3.817.570	3.689.570	40,7	48,7	48,5	-3,4	5,9
Campeggi e villaggi turistici	-	1.343.639	1.304.896	-	17,1	17,2	-2,9	-
Alloggi in affitto	-	1.915.429	1.819.055	-	24,4	23,9	-5,0	-
Altri esercizi	-	579.899	611.742	-	7,4	8,0	5,5	-
Alloggi agro-turistici	-	185.482	180.251	-	2,4	2,4	-2,8	-
Totale complementari	5.084.425	4.024.449	3.915.944	59,3	51,3	51,5	-2,7	-23,0
Totale	8.568.325	7.842.019	7.605.514	100,0	100,0	100,0	-3,0	-11,2

Fonte: elaborazioni su dati Regione Friuli Venezia Giulia e Turismo FVG. Nota: il "trattino" indica dati non disponibili

3.4. Il movimento turistico nei comuni balneari dell'Alto Adriatico

Veneto e Friuli Venezia Giulia, pur caratterizzandosi per una spiccata varietà paesaggistica e, conseguentemente, per la compresenza di molteplici tipologie di turismo, registrano il movimento turistico più consistente nel comparto balneare.

Infatti, se osserviamo la graduatoria dei primi 30 comuni delle due regioni per arrivi e presenze turistiche, ai primi posti troviamo proprio le località balneari dell'Alto Adriatico. In Veneto, nel 2014 notiamo Jesolo al secondo posto per numero di arrivi dopo Venezia; quindi Cavallino Treporti e San Michele al Tagliamento (il cui dato si riferisce alla spiaggia di Bibione) rispettivamente in quarta e quinta posizione dietro Verona; infine Caorle si piazza settima dopo Padova. Per quanto riguarda le presenze, invece, le quattro principali località balneari venete vengono precedute in graduatoria solo da Venezia.

Lignano Sabbiadoro, d'altro canto, comanda la classifica dei comuni del Friuli Venezia Giulia per numero di arrivi e di presenze nel 2014. Grado, invece, è terza per numero di arrivi dietro Trieste, ma seconda per presenze.

Analizzando nel dettaglio le località balneari dell'Alto Adriatico si osserva una grande eterogeneità nella composizione degli ospiti tra italiani e stranieri. La quota di stranieri varia da un valore minimo a Chioggia (39% per gli arrivi e 40% per le presenze) ad un valore massimo a Cavallino, dove per gli arrivi si supera il 75% e per le presenze si raggiunge l'80%. In realtà è proprio Chioggia l'unica realtà dove prevalgono gli italiani, mentre a Grado, Bibione e Caorle la quota degli stranieri ruota intorno al 70%.

Tab. 51 – Arrivi e presenze di turisti in Veneto per comune, 2014

Comune	Arrivi	Comune	Presenze
Venezia	4.280.632	Venezia	9.983.416
Jesolo	1.076.968	Cavallino – Treporti	6.140.332
Verona	821.897	San Michele al Tagliamento	5.636.335
Cavallino Treporti	743.401	Jesolo	5.209.331
S. Michele al Tagl.to (Bibione)	731.502	Caorle	4.272.496
Padova	618.475	Lazise	3.102.598
Caorle	617.939	Peschiera del Garda	1.865.567
Lazise	546.664	Abano Terme	1.847.732
Abano Terme	420.016	Bardolino	1.824.865
Bardolino	366.302	Verona	1.681.439
Peschiera del Garda	354.689	Padova	1.315.671
Castelnuovo del Garda	261.333	Chioggia	1.234.303
Cortina d'Ampezzo	226.030	Rosolina	1.085.991
Montegrotto Terme	207.639	Castelnuovo del Garda	1.018.359
Chioggia	196.787	Cortina d'Ampezzo	1.000.296
Malcesine	195.263	Malcesine	985.315
Vicenza	194.549	Montegrotto Terme	855.351
Garda	168.582	Garda	772.332
Villafranca di Verona	161.399	Eraclea	518.716
Rosolina	134.241	Vicenza	446.816
Mogliano Veneto	126.564	Valeggio sul Mincio	361.477
Noventa di Piave	120.792	Brenzone sul Garda	355.044
Bussolengo	109.207	Torri del Benaco	309.328
Treviso	109.041	Livinallongo del Col di Lana	307.969
Quarto d'Altino	98.433	Villafranca di Verona	286.358
Mira	82.944	Bussolengo	285.111
Brenzone sul Garda	76.330	Auronzo di Cadore	272.981
Torri del Benaco	71.464	Costermano	272.886
Auronzo di Cadore	68.959	Falcade	265.095
Livinallongo del Col di Lana	65.729	Treviso	230.944

Fonte: elaborazioni su dati Regione Veneto – Sezione Sistema Statistico Regionale

Tab. 52 – Arrivi e presenze di turisti in Friuli Venezia Giulia per comune, 2014

Comune	Arrivi	Comune	Presenze
Lignano Sabbiadoro	603.728	Lignano Sabbiadoro	3.409.896
Trieste	331.860	Grado	1.051.057
Grado	221.773	Trieste	718.880
Udine	184.756	Udine	343.695
Tarvisio	60.496	Tarvisio	168.368
Pordenone	47.708	Monfalcone	128.489
Duino-Aurisina	36.134	Duino-Aurisina	119.039
Monfalcone	31.863	Pordenone	104.408
Tavagnacco	28.196	Forni Avoltri	95.021
Aviano	20.415	Aquileia	90.176
Aquileia	20.271	Aviano	78.867
Forni Avoltri	18.655	Forni di Sopra	58.252
Ronchi dei Legionari	15.732	Gorizia	47.607
Gradisca d'Isonzo	15.721	Cervignano del Friuli	43.390
Forni di Sopra	15.402	Muggia	41.972
Gorizia	14.765	Arta Terme	37.969
Cervignano del Friuli	14.725	Cividale del Friuli	37.290
Muggia	14.646	Ravascletto	36.612
Cividale del Friuli	14.208	Tavagnacco	35.548
Gemona del Friuli	12.825	Ronchi dei Legionari	31.933
Cormons	12.479	Gradisca d'Isonzo	31.807
San Dorligo della Valle-Dolina	12.398	Cormons	30.277
Sacile	10.840	Latisana	28.692
Malborghetto Valbruna	9.669	Malborghetto Valbruna	28.369
Ravascletto	8.961	Sauris	26.548
Sauris	8.760	Gemona del Friuli	26.000
Arta Terme	8.574	San Giorgio di Nogaro	25.085
San Giorgio di Nogaro	7.843	San Dorligo della Valle-Dolina	23.701
Latisana	7.597	Sutrio	22.957
Sutrio	6.418	Sacile	21.342

Fonte: elaborazioni su dati Turismo FVG

Tab. 53 – Arrivi di turisti per nazionalità nei comuni dell'Alto Adriatico, 2014

Comune	Italiani		Stranieri		Totale
	val. ass.	quota %	val. ass.	quota %	
Jesolo	449.521	41,7	627.447	58,3	1.076.968
Cavallino Treporti	182.505	24,6	560.896	75,4	743.401
S. Michele al T. (Bibione)	229.921	31,4	501.581	68,6	731.502
Caorle	220.623	35,7	397.316	64,3	617.939
Chioggia	119.847	60,9	76.940	39,1	196.787
Rosolina	66.841	49,8	67.400	50,2	134.241
Eraclea	29.256	46,7	33.351	53,3	62.607
Lignano Sabbiadoro	241.356	40,0	362.372	60,0	603.728
Grado	62.812	28,3	158.961	71,7	221.773

Fonte: elaborazioni su dati Regione Veneto – Sezione Sistema Statistico Regionale e Turismo FVG

Tab. 54 – Presenze di turisti per nazionalità nei comuni dell'Alto Adriatico, 2014

Località	Italiani		Stranieri		Totale
	val. ass.	quota %	val. ass.	quota %	
Cavallino Treporti	1.222.455	19,9	4.917.877	80,1	6.140.332
S. Michele al T. (Bibione)	1.693.507	30,0	3.942.828	70,0	5.636.335
Jesolo	2.211.140	42,4	2.998.191	57,6	5.209.331
Caorle	1.396.451	32,7	2.876.045	67,3	4.272.496
Chioggia	738.423	59,8	495.880	40,2	1.234.303
Rosolina	523.192	48,2	562.799	51,8	1.085.991
Eraclea	239.704	46,2	279.012	53,8	518.716
Lignano Sabbiadoro	1.361.140	39,9	2.048.756	60,1	3.409.896
Grado	296.837	28,2	754.220	71,8	1.051.057

Fonte: elaborazioni su dati Regione Veneto – Sezione Sistema Statistico Regionale e Turismo FVG

Il mercato tedesco è quello principale in tutte le spiagge dell'Alto Adriatico. In particolare, sono le tre località poste più a nord a registrare le quote maggiori: a Grado, infatti, i turisti austriaci e tedeschi mettono insieme oltre il 79% degli arrivi e quasi il 76% delle presenze; a Lignano si supera il 70% degli arrivi e si raggiunge il 64% delle presenze; a Bibione, infine, gli arrivi sono oltre il 72% e le presenze più del 71%. In alcune spiagge, poi, sono i turisti di una sola nazionalità a superare il 50% del movimento turistico: per quanto riguarda gli arrivi è il caso degli austriaci a Lignano e Grado e dei tedeschi a Cavallino; in termini di presenze, invece, questo risultato si raggiunge a Bibione, Rosolina e Cavallino con i turisti provenienti dalla Germania.

Un altro mercato importante per le coste dell'Alto Adriatico è rappresentato dall'Europa orientale, con Repubblica Ceca, Polonia, Ungheria e Slovacchia costantemente presenti tra i primi 10 paesi di provenienza dei turisti delle spiagge di Veneto e Friuli Venezia Giulia. A Caorle, in particolare, i turisti cechi rappresentano l'11% del movimento turistico complessivo, ma sono il terzo paese di provenienza in assoluto anche a Bibione, Lignano e Rosolina (dove sono addirittura secondi per numero di arrivi). Un discorso a parte meritano i vacanzieri russi, che si concentrano in alcune località costiere: a Rosolina e Jesolo superano l'8% delle presenze, a Lignano sono poco meno del 6%.

Paesi Bassi, Svizzera e Danimarca sono altri tre paesi di provenienza importanti per il movimento turistico dell'Alto Adriatico. I vacanzieri olandesi, infatti, sono addirittura il secondo mercato per Chioggia, dove superano il 20% delle presenze, ma sfiorano il 12% anche ad Eraclea; i turisti svizzeri rappresentano circa l'8% delle presenze a Eraclea e Cavallino (dove sono il secondo paese di provenienza in assoluto); i danesi, infine, superano il 7% delle presenze a Cavallino (dove sono più degli austriaci).

Fig. 11 – Arrivi di turisti stranieri (primi 10 paesi di provenienza) a Jesolo, Eraclea e Cavallino Treporti, 2014

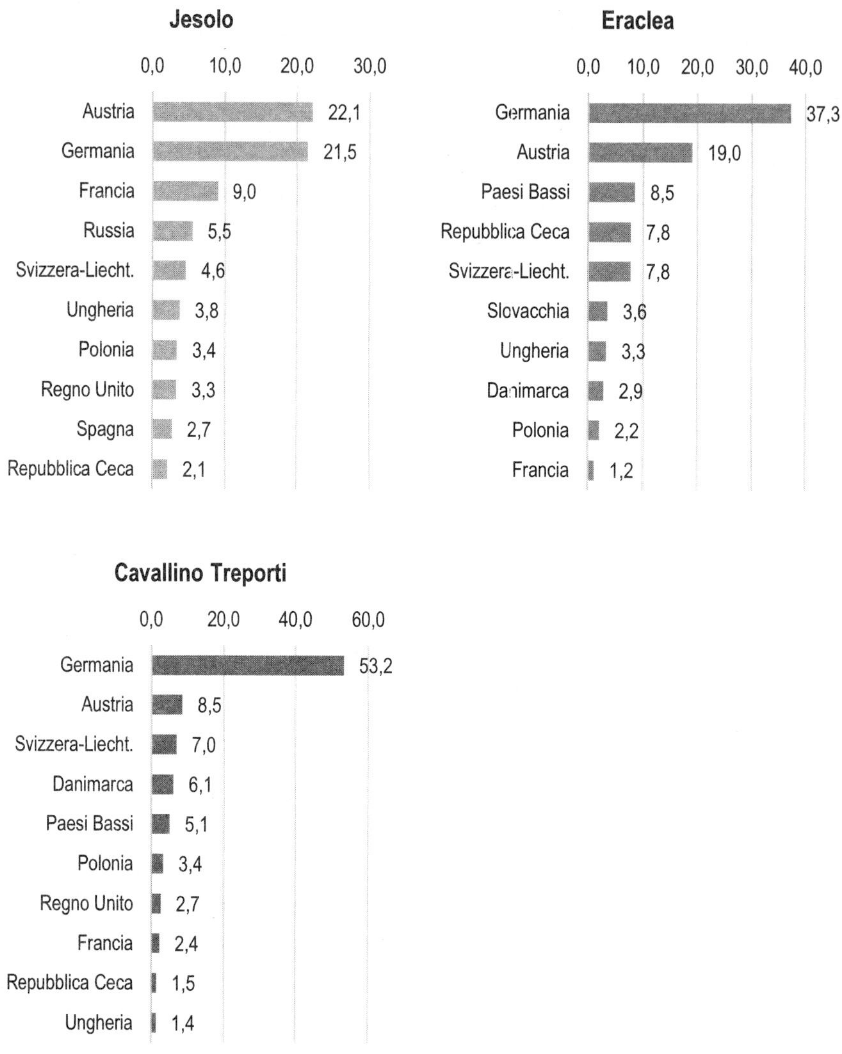

Fonte: elaborazioni su dati Regione Veneto – Sezione Sistema Statistico Regionale

Fig. 12 – Arrivi di turisti stranieri (primi 10 paesi di provenienza) a S. Michele al T. (Bibione), Caorle, Lignano Sabbiadoro e Grado, 2014

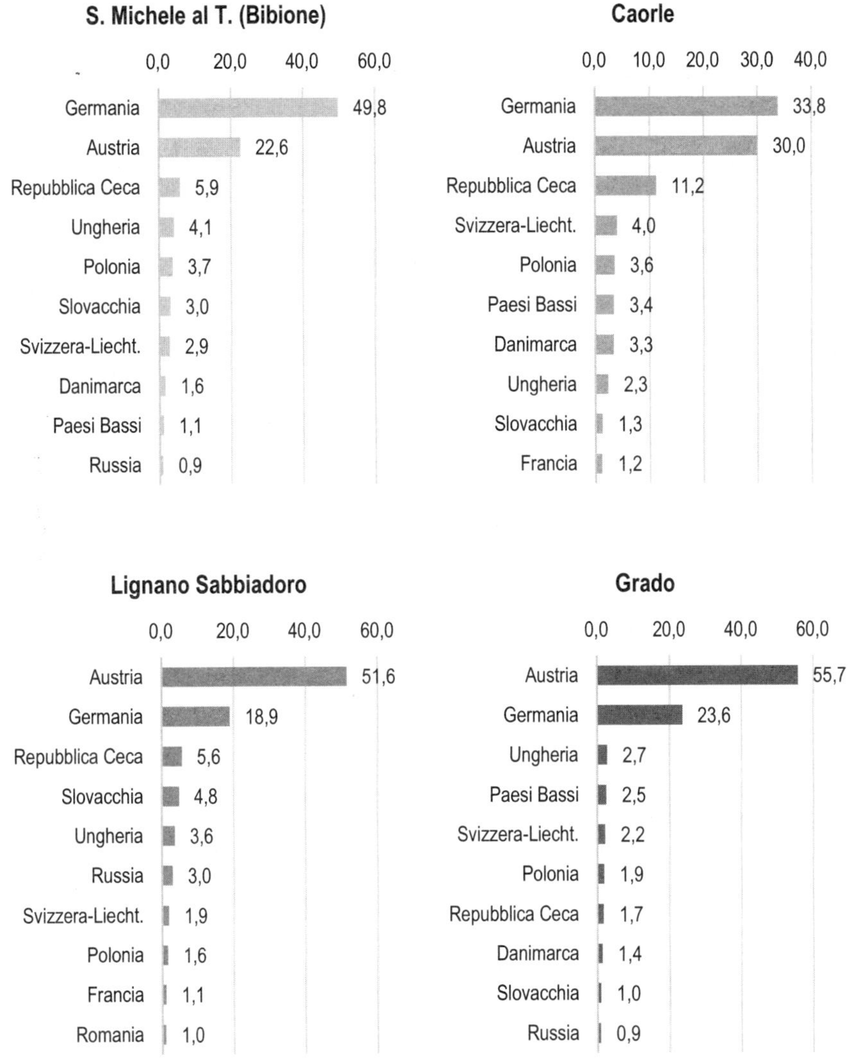

Fonte: elaborazioni su dati Regione Veneto – Sezione Sistema Statistico Regionale e Turismo FVG

Fig. 13 – Arrivi di turisti stranieri (primi 10 paesi di provenienza) a Rosolina e Chioggia, 2014

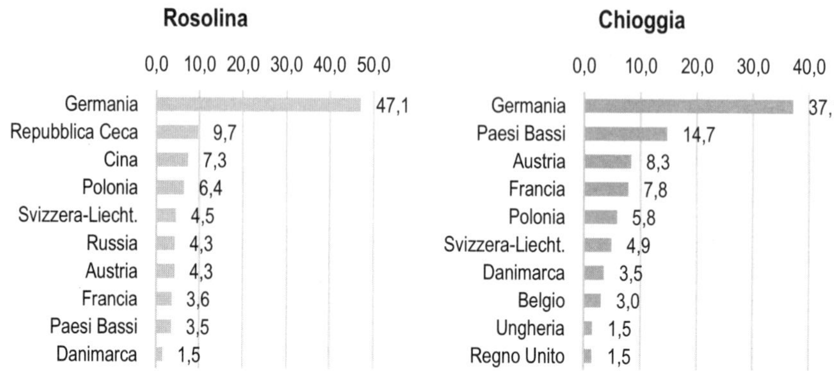

Fonte: elaborazioni su dati Regione Veneto – Sezione Sistema Statistico Regionale

Fig. 14 – Presenze di turisti stranieri (primi 10 paesi di provenienza) a Jesolo, Eraclea e Cavallino Treporti, 2014

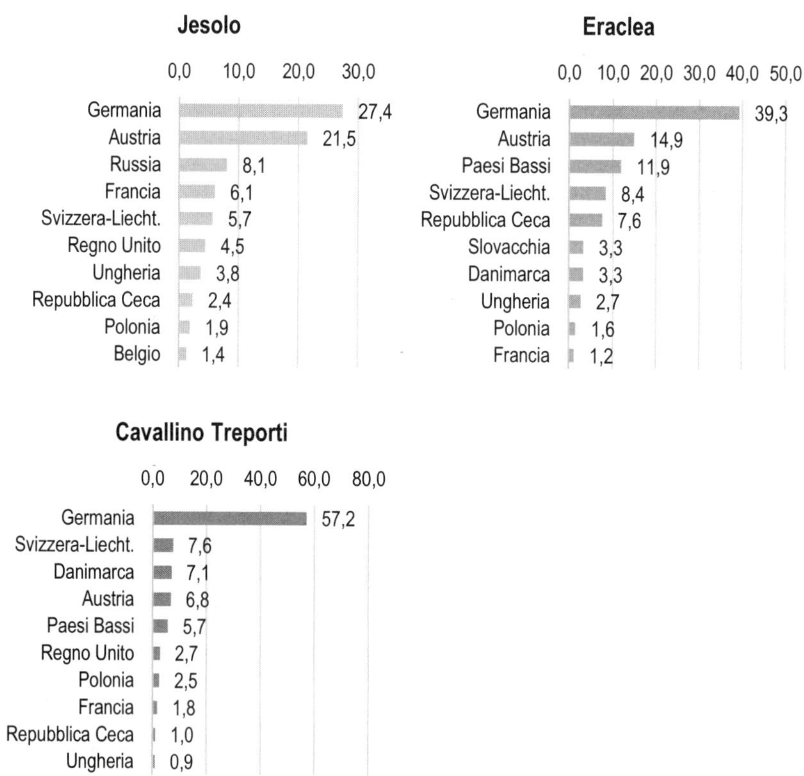

Fonte: elaborazioni su dati Regione Veneto – Sezione Sistema Statistico Regionale

Fig. 15 – Presenze di turisti stranieri (primi 10 paesi di provenienza) a S. Michele al T. (Bibione), Caorle, Lignano Sabbiadoro e Grado, 2014

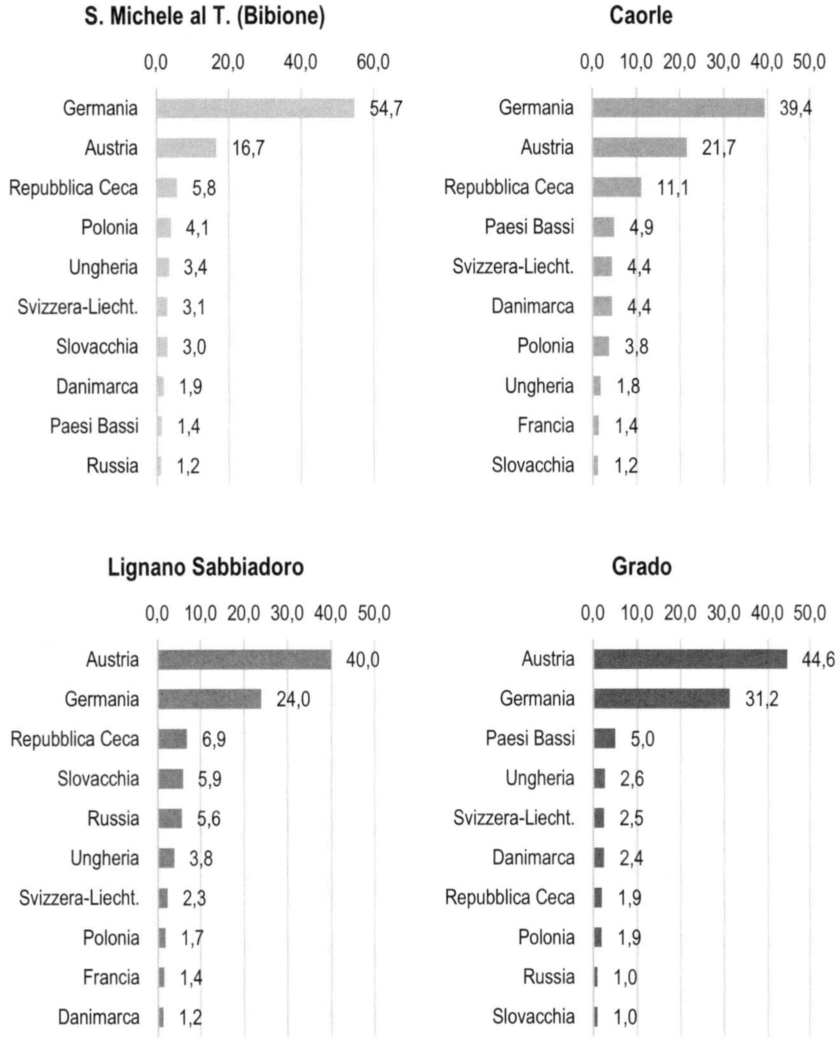

Fonte: elaborazioni su dati Regione Veneto – Sezione Sistema Statistico Regionale e Turismo FVG

Fig. 16 – Presenze di turisti stranieri (primi 10 paesi di provenienza) a Rosolina e Chioggia, 2014

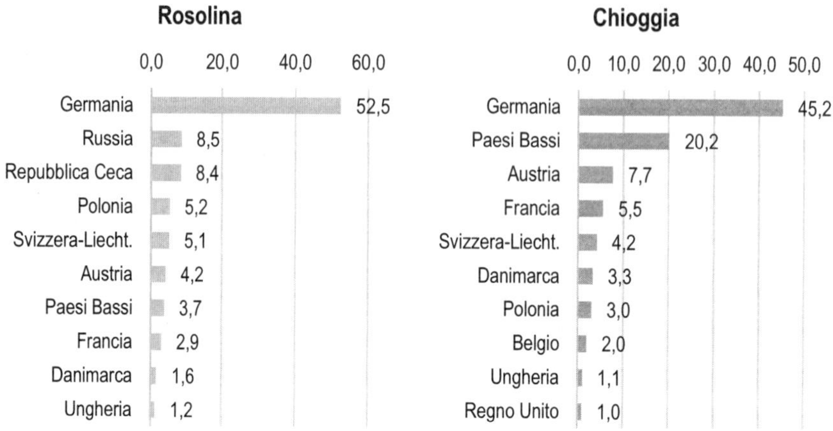

Fonte: elaborazioni su dati Regione Veneto – Sezione Sistema Statistico Regionale

L'analisi del movimento turistico per tipologia ricettiva rispecchia le diverse vocazioni delle località turistiche dell'Alto Adriatico. Infatti, l'extralberghiero mette insieme la quasi località di arrivi e presenze a Cavallino, sfiora il 93% delle presenze a Rosolina, supera l'80% ad Eraclea e Bibione. Jesolo, d'altro canto, è l'unica località dove prevale l'alberghiero.

Tab. 55 – Arrivi di turisti per tipologia ricettiva nei comuni dell'Alto Adriatico, 2014

Località	**Alberghieri**		**Extralberghieri**		**Totale**
	val. ass.	**quota %**	**val. ass.**	**quota %**	
Jesolo	868.098	80,2	208.870	19,8	1.076.968
Cavallino Treporti	40.245	5,5	703.156	94,5	743.401
S. Michele al T. (Bibione)	217.592	29,0	513.910	71,0	731.502
Caorle	240.419	39,4	377.520	60,6	617.939
Chioggia	87.473	42,5	109.314	57,5	196.787
Rosolina	25.002	18,9	109.239	81,1	134.241
Eraclea	17.324	31,0	45.283	69,0	62.607
Lignano Sabbiadoro	310.978	51,5	292.750	48,5	603.728
Grado	132.845	59,9	88.928	40,1	221.773

Fonte: elaborazioni su dati Regione Veneto – Sezione Sistema Statistico Regionale e Turismo FVG

Tab. 56 – Presenze di turisti per tipologia ricettiva nei comuni dell'Alto Adriatico, 2014

Località	Alberghieri		Extralberghieri		Totale
	val. ass.	quota %	val. ass.	quota %	
Cavallino Treporti	154.962	2,4	5.985.370	97,6	6.140.332
S. Michele al T. (Bibione)	1.090.678	19,3	4.545.657	80,7	5.636.335
Jesolo	3.516.275	68,1	1.693.056	31,9	5.209.331
Caorle	1.123.176	26,6	3.149.320	73,4	4.272.496
Chioggia	327.306	24,5	906.997	75,5	1.234.303
Rosolina	78.468	7,2	1.007.523	92,8	1.085.991
Eraclea	81.869	18,7	436.847	81,3	518.716
Lignano Sabbiadoro	1.234.149	36,2	2.175.747	63,8	3.409.896
Grado	445.046	42,3	606.011	57,7	1.051.057

Fonte: elaborazioni su dati Regione Veneto – Sezione Sistema Statistico Regionale e Turismo FVG

3.5. Analisi SWOT del turismo nell'Alto Adriatico

A conclusione di questo percorso di analisi del settore turistico, proponiamo alcune valutazioni in merito alle caratteristiche attuali ed alle prospettive di sviluppo futuro di tale comparto, in particolare concentrando l'attenzione sull'area costiera dell'Alto Adriatico. Per fare ciò, utilizziamo uno schema di approfondimento semplificato: l'analisi SWOT.

SWOT è un acronimo formato da 4 parole inglesi (Strengths, Weaknesses, Opportunities, Threats) e, pertanto, l'analisi SWOT mira ad individuare:

- punti di forza;
- punti di debolezza;
- opportunità;
- minacce.

Punti di forza e di debolezza sono fattori propri del contesto di analisi e sono modificabili attraverso una politica o un intervento, mentre opportunità e minacce derivano dal contesto esterno e non sono quindi modificabili, ma vanno tenuti sotto controllo.

L'analisi SWOT vuole fornire un quadro conoscitivo di supporto alle scelte ed alle decisioni operative (politiche, azioni, interventi). Lo scopo dell'analisi SWOT è quello di definire i possibili percorsi di sviluppo di un territorio o di un settore economico, che derivano da una valorizzazione dei punti di forza e da un contenimento dei punti di debolezza, alla luce del quadro di opportunità e di rischi che derivano dal contesto esterno.

L'analisi SWOT – condotta utilizzando una serie di banche dati statistico-quantitative e consultando studi e indagini dedicati al turismo – viene proposta attraverso una serie di tabelle riassuntive, organizzate per dimensione territoriale e/o tematica:

- turismo nel Nord Est;
- turismo balneare dell'Alto Adriatico;
- infrastrutture ed accessibilità per il turismo balneare dell'Alto Adriatico;
- cultura, natura, enogastronomia per il turismo balneare dell'Alto Adriatico.

SWOT – Turismo nel Nord Est		
S – punti di forza: ▪ Nelle regioni di Nord Est (Veneto, Friuli Venezia Giulia, Trentino Alto Adige) si concentra più di un quarto degli arrivi totali ed oltre il 30% delle presenze. 6 turisti su 10 sono stranieri (in Italia meno di 5). ▪ Il Nord Est è l'area con la maggiore incidenza del Pil turistico diretto (7,6%). ▪ L'offerta turistica è molto ricca e diversificata (mare, montagna, laghi, città d'arte, terme).	*W – punti di debolezza:* ▪ Il "prodotto mare" ed il prodotto "montagna", se proposti nelle versioni classiche, sono prodotti maturi. ▪ I dati sul movimento turistico relativi all'estate 2014 evidenziano un calo di arrivi e presenze, in particolare nei territori montani. ▪ Assenza di promozione coordinata del turismo nel Nord Est. Prevalenza di una promozione di livello regionale, provinciale e in alcuni casi comunale.	**Fattori interni**
O – opportunità: ▪ Le previsioni indicano una crescita del turismo a livello globale anche per i prossimi anni. ▪ I paesi emergenti (Cina, Russia, Brasile su tutti) esprimeranno nei prossimi anni una forte domanda di turismo e un incremento della capacità di spesa.	*T – minacce:* ▪ L'arena competitiva nelle diverse tipologie di offerta è sempre più agguerrita ed allargata. ▪ Il persistere della crisi e la conseguente perdita di potere d'acquisto delle famiglie potrebbe ridurre il movimento turistico (incidendo in particolare sul mercato interno).	**Fattori esterni**

SWOT – Turismo balneare dell'Alto Adriatico		
S – punti di forza: ▪ Elevato numero di arrivi e presenze (prima tipologia di turismo per consistenza del movimento turistico). ▪ Elevata capacità di accoglienza ed eterogeneità delle sistemazioni. ▪ Spiagge ampie e dotate di tutti i servizi. ▪ Posizionamento vicino a Venezia.	*W – punti di debolezza:* ▪ Il "prodotto mare" è un prodotto maturo e spesso ne viene offerta una versione tradizionale-classica (concentrata sul lato mare-spiagge). ▪ La stagione estiva 2014, caratterizzata da un clima sfavorevole, pur mostrando una sostanziale tenuta del movimento turistico, ha messo in luce i limiti relativi all'offerta di intrattenimento alternativo alla spiaggia. ▪ Assenza di promozione coordinata del prodotto spiagge.	**Fattori interni**
O – opportunità: ▪ Le previsioni indicano una crescita del turismo a livello globale anche per i prossimi anni. ▪ I paesi emergenti (Cina, Russia, Brasile su tutti) esprimeranno nei prossimi anni una forte domanda di turismo ed un incremento della disponibilità di spesa.	*T – minacce:* ▪ L'arena competitiva per il prodotto mare è sempre più agguerrita ed allargata (anche grazie ai voli low cost). ▪ Le condizioni meteo penalizzano l'Alto Adriatico rispetto al resto del Mediterraneo o al Nord Africa. ▪ Il persistere della crisi e la conseguente perdita di potere d'acquisto delle famiglie potrebbe ridurre il movimento turistico (incidendo in particolare sul mercato interno).	**Fattori esterni**

SWOT – Infrastrutture ed accessibilità per il turismo balneare dell'Alto Adriatico		
S – punti di forza: ▪ Dotazione aeroportuale ottima: Venezia (uno dei tre aeroporti internazionali d'Italia), Treviso (voli low cost), Verona (voli charter), Trieste. ▪ Si stanno realizzando importanti interventi autostradali (Pedemontana, terza corsia A4). ▪ Il sistema crocieristico dell'Alto Adriatico convoglia importanti volumi di passeggeri a Venezia e Trieste.	*W – punti di debolezza:* ▪ Gli aeroporti non sono collegati alle reti ferroviarie e non sono serviti da un sistema di trasporto pubblico locale veloce, frequente, efficiente (tram, metropolitana ecc.). ▪ La ferrovia non serve direttamente le spiagge. ▪ Il sistema della viabilità di accesso alle spiagge è spesso congestionato e non sono in programma a breve interventi risolutivi.	**Fattori interni**
O – opportunità: ▪ Le previsioni per i prossimi anni continuano ad indicare la crescita del traffico aeroportuale. ▪ L'aumento del movimento turistico dei prossimi anni coinvolgerà anche persone molto giovani, anziane e con problemi di mobilità che si sposteranno con mezzi pubblici: sarà importante sviluppare collegamenti e servizi di rendez-vous rispetto a stazioni ferroviarie e scali aeroportuali.	*T – minacce:* ▪ Incertezza su risorse e tempistiche per il completamento della Terza Corsia della A4. ▪ L'aumento del movimento turistico rischia di peggiorare la congestione della viabilità di accesso nei prossimi anni, rendendo sempre meno accessibili le località balneari.	**Fattori esterni**

SWOT – Cultura, natura, enogastronomia per il turismo balneare dell'Alto Adriatico		
S – punti di forza: ▪ Offerta culturale ricca, diffusa sul territorio e vicina alle spiagge (Trieste, Padova, Treviso ecc.), con un brand internazionale (Venezia) e manifestazioni culturali di valore (Biennale d'Arte e d'Architettura, Mostra del Cinema di Venezia, Pordenonelegge ecc.). ▪ Forte valenza paesaggistica, con parchi e riserve naturali (Delta del Po, lagune). ▪ Eccellenze enogastronomiche con presidi territoriali (numerose denominazioni DOP, DOGC, DOC).	*W – punti di debolezza:* ▪ Mancanza di un forte attrattore culturale nelle località balneari. ▪ Scarso sviluppo del legame tra contenuti culturali tradizionali e nuove tecnologie, mancanza di fruizioni culturali innovative. ▪ Scarsa valorizzazione dei parchi e delle risorse naturali in generale. ▪ Assenza di una "vetrina" dell'enogastronomia locale nelle località balneari.	**Fattori interni**
O – opportunità: ▪ La domanda di cultura continua a crescere. ▪ Arte, cultura ed enogastronomia rimangono le priorità per i turisti stranieri che vengono in vacanza in Italia. ▪ Made in Italy ed enogastronomia veicolano contenuti culturali mettendo in moto un circolo virtuoso a favore di tutto il turismo italiano.	*T – minacce:* ▪ Le minori risorse a disposizione del pubblico rischiano di ridurre gli investimenti in cultura. ▪ Inquinamento, cementificazione e consumo di suolo rischiano di rovinare il paesaggio. ▪ Le minori disponibilità delle famiglie potrebbero ridurre la spesa in particolare per i consumi più costosi. ▪ La concorrenza sleale rischia di "banalizzare" l'esperienza del consumo e dell'acquisto di prodotti made in Italy.	**Fattori esterni**

CONCLUSIONE
IL TURISMO AL CENTRO DELLO SVILUPPO

Il turismo è un settore fondamentale per il nostro Paese, storicamente una delle principali mete di vacanza dei turisti provenienti da tutto il Mondo. Al tempo stesso, il turismo è un comparto che ha continuato a crescere anche negli anni della crisi ed offre un potenziale di sviluppo in parte ancora non espresso.

I dati presentati nelle pagine precedenti hanno messo in luce la rilevanza delle regioni di Nord Est e del Veneto in particolare, come destinazione turistica: grazie alla presenza di Venezia e ad una eterogeneità paesaggistica-culturale di livello assoluto l'area risulta fortemente attrattiva sia per i visitatori stranieri che per quelli italiani.

Tutti questi elementi, pertanto, ci inducono a guardare con ottimismo al futuro del turismo nell'Alto Adriatico. Ma il futuro del turismo non può che passare attraverso una parola d'ordine: competitività.

Se è vero, infatti, che il Nord Est gode di un consistente vantaggio competitivo in materia di turismo, è altrettanto evidente che la vera sfida dei prossimi anni sarà quella di riuscire a conservare questo vantaggio.

Il turismo, infatti, è al contempo un fenomeno sociale e come tale viene costantemente "contaminato" da tutti quei cambiamenti che riguardano tendenze e abitudini di consumo. Di conseguenza, l'offerta turistica deve continuamente rinnovarsi e arricchirsi per poter essere in grado di proporre ai vacanzieri un prodotto appetibile e competitivo. Le esigenze dei visitatori continuano infatti a cambiare nel tempo, mettendo il sistema dell'offerta di fronte alla sfida dell'arricchimento e della personalizzazione estrema dell'esperienza turistica.

Sicuramente non si tratta di un processo reversibile: nemmeno la crisi economico-finanziaria degli ultimi anni ha indotto il consumatore a ridimensionare le proprie richieste. Semmai è stato il budget a disposizione delle famiglie a ridursi, non certo le aspettative nei confronti dell'esperienza turistica.

E proprio il concetto di esperienza deve essere posto al centro dell'offerta turistica dell'Alto Adriatico dei prossimi anni, a partire dalla messa a valore di tutte quelle risorse (culturali, naturali, enogastronomiche) che il territorio già possiede. La sfida dei prossimi anni si giocherà sul fronte della competitività dell'offerta e andrà ben oltre l'elemento prezzo, che pure conserverà il suo peso. Se il territorio riuscirà a coinvolgere, emozionare, offrire un prodotto ricco e – per quanto possibile – unico nel mix proposto, allora l'Alto Adriatico rimarrà una delle aree più visitate al Mondo.

Non si tratta di una sfida facile, sia inteso. Ma va affrontata con determinazione se si vuole veramente mettere il turismo al centro dello sviluppo.

APPENDICE STATISTICA

Tab. 57 – Numero di imprese attive per settore e regione, 2014

Regione	Settore									Totale
	Agricoltura	Manifattura e utilities	Costruzioni	Commercio	*Alloggio e ristorazione*	Trasporti, magaz., comunic.	Servizi tradizionali	Servizi innovativi	Servizi alla persona	
Lombardia	47.720	103.557	138.446	195.620	*53.209*	51.551	121.174	43.279	63.306	817.862
Lazio	43.189	31.574	72.499	141.888	*38.426*	34.041	58.166	18.124	40.801	478.708
Campania	62.136	41.008	57.471	181.188	*33.859*	22.327	29.611	10.872	34.463	472.935
Veneto	69.501	55.325	67.580	103.182	*29.222*	22.582	49.662	15.572	28.371	440.997
Emilia Romagna	60.659	47.156	69.716	94.291	*29.224*	23.116	46.484	15.214	28.915	414.775
Piemonte	55.428	40.623	65.710	98.574	*25.599*	18.464	51.887	15.445	28.061	399.791
Sicilia	80.717	30.160	43.530	121.258	*22.052*	16.524	20.943	7.973	28.838	371.995
Toscana	40.105	48.855	57.248	92.136	*26.497*	16.298	41.479	10.377	24.533	357.528
Puglia	77.807	28.557	40.482	101.774	*20.786*	12.848	17.353	7.181	23.412	330.200
Calabria	29.976	12.872	19.348	54.073	*11.334*	6.376	7.432	3.347	11.017	155.775
Marche	29.027	20.700	21.847	37.289	*9.592*	6.833	13.296	4.860	10.878	154.322
Sardegna	33.546	11.162	20.653	39.310	*11.661*	7.053	8.657	2.875	9.006	143.923
Liguria	10.552	10.856	27.499	38.355	*13.842*	7.810	15.132	4.222	10.275	138.543
Abruzzo	27.749	12.891	18.702	32.653	*9.544*	5.209	8.565	3.425	10.051	128.789
Trentino - Alto Adige	28.616	8.918	13.895	16.724	*11.615*	4.630	8.028	3.413	5.513	101.352
Friuli - Venezia Giulia	14.759	9.966	14.832	21.507	*7.935*	4.798	8.835	3.569	7.029	93.230
Umbria	16.822	8.345	11.865	20.621	*5.448*	3.635	7.094	2.297	5.651	81.778
Basilicata	17.793	4.191	6.319	12.644	*2.966*	2.108	2.212	1.095	3.342	52.670
Molise	10.167	2.332	3.903	7.049	*2.059*	1.169	1.618	750	2.036	31.083
Valle d'Aosta	1.489	925	2.579	2.213	*1.689*	478	1.182	333	809	11.697
Totale	757.758	529.973	774.124	1.412.349	*366.559*	267.850	518.810	174.223	376.307	5.177.953

Fonte: elaborazioni su dati Infocamere

Tab. 58 – Numero di imprese attive per settore e regione, tasso di variazione % 2009-2014

Regione	Settore									Totale
	Agricoltura	Manifattura e utilities	Costruzioni	Commercio	*Alloggio e ristorazione*	Trasporti, magaz., comunic.	Servizi tradizionali	Servizi innovativi	Servizi alla persona	
Lombardia	-9,3	-7,6	-5,9	0,7	*11,8*	-1,7	4,7	5,5	22,5	-0,7
Lazio	-10,9	-5,0	0,7	3,1	*13,9*	2,3	16,4	20,6	18,1	4,2
Campania	-15,2	-6,8	-4,0	3,1	*12,2*	-0,1	6,0	5,3	16,1	-0,7
Veneto	-14,6	-8,3	-10,1	-1,2	*6,7*	-3,1	8,0	5,1	15,6	-3,8
Emilia Romagna	-13,4	-7,0	-7,7	-0,9	*7,8*	-5,6	5,1	4,3	14,4	-3,1
Piemonte	-13,7	-8,4	-9,2	-4,8	*6,5*	-6,5	2,8	-1,4	13,7	-4,9
Sicilia	-16,9	-6,5	-7,2	-3,4	*17,6*	4,4	13,9	7,3	23,2	-4,2
Toscana	-8,3	-5,2	-12,0	-0,4	*10,4*	-4,5	6,2	7,4	11,8	-2,1
Puglia	-12,6	-8,4	-4,4	0,0	*15,0*	0,7	10,2	11,9	21,7	-2,5
Calabria	-8,2	-9,1	-7,2	2,0	*10,1*	-1,1	12,2	14,0	19,9	-0,7
Marche	-14,6	-5,5	-8,7	-2,4	*7,6*	-3,2	10,3	10,9	14,4	-3,7
Sardegna	-6,6	-10,4	-9,1	-3,5	*9,3*	-6,8	7,4	1,2	15,1	-3,6
Liguria	-19,6	-9,1	1,1	-4,0	*4,0*	-7,2	3,7	-2,7	10,2	-2,8
Abruzzo	-13,8	-3,9	-5,2	-1,6	*10,8*	-0,4	11,6	13,4	14,0	-2,8
Trentino - Alto Adige	-5,4	0,1	-4,1	-2,4	*2,5*	3,0	9,6	21,1	11,0	-0,5
Friuli - Venezia Giulia	-20,3	-8,8	-7,2	-5,1	*5,2*	-6,0	6,0	0,8	17,6	-5,6
Umbria	-9,4	-5,3	-9,2	1,7	*11,6*	-5,9	11,5	4,8	14,3	-1,8
Basilicata	-11,6	-6,0	-6,0	-3,9	*5,9*	-0,2	10,8	13,2	16,5	-4,7
Molise	-12,0	-6,4	-5,5	-3,0	*7,0*	-0,1	13,6	7,9	13,6	-4,4
Valle d'Aosta	-24,2	-3,1	-9,5	-5,3	*5,4*	-2,4	6,7	15,6	9,2	-6,0
Totale	-12,8	-7,0	-6,5	-0,4	*10,2*	-2,0	7,4	6,9	17,3	-2,0

Fonte: elaborazioni su dati Infocamere

Tab. 59 – Numero di imprese attive per settore e regione, quote % (per settore) 2014

Regione	Settore									Totale
	Agricoltura	Manifattura e utilities	Costruzioni	Commercio	*Alloggio e ristorazione*	Trasporti, magaz., comunic.	Servizi tradizionali	Servizi innovativi	Servizi alla persona	
Lombardia	5,8	12,7	16,9	23,9	*6,5*	6,3	14,8	5,3	7,7	100,0
Lazio	9,0	6,6	15,1	29,6	*8,0*	7,1	12,2	3,8	8,5	100,0
Campania	13,1	8,7	12,2	38,3	*7,2*	4,7	6,3	2,3	7,3	100,0
Veneto	15,8	12,5	15,3	23,4	*6,6*	5,1	11,3	3,5	6,4	100,0
Emilia Romagna	14,6	11,4	16,8	22,7	*7,0*	5,6	11,2	3,7	7,0	100,0
Piemonte	13,9	10,2	16,4	24,7	*6,4*	4,6	13,0	3,9	7,0	100,0
Sicilia	21,7	8,1	11,7	32,6	*5,9*	4,4	5,6	2,1	7,8	100,0
Toscana	11,2	13,7	16,0	25,8	*7,4*	4,6	11,6	2,9	6,9	100,0
Puglia	23,6	8,6	12,3	30,8	*6,3*	3,9	5,3	2,2	7,1	100,0
Calabria	19,2	8,3	12,4	34,7	*7,3*	4,1	4,8	2,1	7,1	100,0
Marche	18,8	13,4	14,2	24,2	*6,2*	4,4	8,6	3,1	7,0	100,0
Sardegna	23,3	7,8	14,4	27,3	*8,1*	4,9	6,0	2,0	6,3	100,0
Liguria	7,6	7,8	19,8	27,7	*10,0*	5,6	10,9	3,0	7,4	100,0
Abruzzo	21,5	10,0	14,5	25,4	*7,4*	4,0	6,7	2,7	7,8	100,0
Trentino - Alto Adige	28,2	8,8	13,7	16,5	*11,5*	4,6	7,9	3,4	5,4	100,0
Friuli - Venezia Giulia	15,8	10,7	15,9	23,1	*8,5*	5,1	9,5	3,8	7,5	100,0
Umbria	20,6	10,2	14,5	25,2	*6,7*	4,4	8,7	2,8	6,9	100,0
Basilicata	33,8	8,0	12,0	24,0	*5,6*	4,0	4,2	2,1	6,3	100,0
Molise	32,7	7,5	12,6	22,7	*6,6*	3,8	5,2	2,4	6,6	100,0
Valle d'Aosta	12,7	7,9	22,0	18,9	*14,4*	4,1	10,1	2,8	6,9	100,0
Totale	14,6	10,2	15,0	27,3	*7,1*	5,2	10,0	3,4	7,3	100,0

Fonte: elaborazioni su dati Infocamere

Tab. 60 – Numero di imprese attive per settore e regione, quote % (per regione) 2014

Regione	Settore									Totale
	Agricoltura	Manifattura e utilities	Costruzioni	Commercio	*Alloggio e ristorazione*	Trasporti, magaz., comunic.	Servizi tradizionali	Servizi innovativi	Servizi alla persona	
Lombardia	6,3	19,5	17,9	13,9	*14,5*	19,2	23,4	24,8	16,8	15,8
Lazio	5,7	6,0	9,4	10,0	*10,5*	12,7	11,2	10,4	10,8	9,2
Campania	8,2	7,7	7,4	12,8	*9,2*	8,3	5,7	6,2	9,2	9,1
Veneto	9,2	10,4	8,7	7,3	*8,0*	8,4	9,6	8,9	7,5	8,5
Emilia Romagna	8,0	8,9	9,0	6,7	*8,0*	8,6	9,0	8,7	7,7	8,0
Piemonte	7,3	7,7	8,5	7,0	*7,0*	6,9	10,0	8,9	7,5	7,7
Sicilia	10,7	5,7	5,6	8,6	*6,0*	6,2	4,0	4,6	7,7	7,2
Toscana	5,3	9,2	7,4	6,5	*7,2*	6,1	8,0	6,0	6,5	6,9
Puglia	10,3	5,4	5,2	7,2	*5,7*	4,8	3,3	4,1	6,2	6,4
Calabria	4,0	2,4	2,5	3,8	*3,1*	2,4	1,4	1,9	2,9	3,0
Marche	3,8	3,9	2,8	2,6	*2,6*	2,6	2,6	2,8	2,9	3,0
Sardegna	4,4	2,1	2,7	2,8	*3,2*	2,6	1,7	1,7	2,4	2,8
Liguria	1,4	2,0	3,6	2,7	*3,8*	2,9	2,9	2,4	2,7	2,7
Abruzzo	3,7	2,4	2,4	2,3	*2,6*	1,9	1,7	2,0	2,7	2,5
Trentino - Alto Adige	3,8	1,7	1,8	1,2	*3,2*	1,7	1,5	2,0	1,5	2,0
Friuli - Venezia Giulia	1,9	1,9	1,9	1,5	*2,2*	1,8	1,7	2,0	1,9	1,8
Umbria	2,2	1,6	1,5	1,5	*1,5*	1,4	1,4	1,3	1,5	1,6
Basilicata	2,3	0,8	0,8	0,9	*0,8*	0,8	0,4	0,6	0,9	1,0
Molise	1,3	0,4	0,5	0,5	*0,6*	0,4	0,3	0,4	0,5	0,6
Valle d'Aosta	0,2	0,2	0,3	0,2	*0,5*	0,2	0,2	0,2	0,2	0,2
Totale	100,0	100,0	100,0	100,0	*100,0*	100,0	100,0	100,0	100,0	100,0

Fonte: elaborazioni su dati Infocamere

Tab. 61 – Numero di addetti alle unità locali per settore e regione, 2011

Regione	Settore									Totale
	Agricoltura	Manifattura e utilities	Costruzioni	Commercio	*Alloggio e ristorazione*	Trasporti, magaz., comunic.	Servizi tradizionali	Servizi innovativi	Servizi alla persona	
Lombardia	4.077	994.173	306.430	657.117	*212.927*	351.738	473.746	279.057	217.128	3.496.393
Veneto	8.038	557.916	156.830	326.657	*123.501*	134.369	161.475	102.934	96.105	1.667.825
Lazio	3.203	192.743	139.258	305.994	*124.537*	255.355	251.798	134.576	136.760	1.544.224
Emilia Romagna	6.902	466.838	133.858	293.178	*111.282*	132.268	170.274	99.998	100.461	1.515.059
Piemonte	2.346	413.133	128.704	260.381	*81.902*	130.962	153.716	95.640	87.660	1.354.444
Toscana	4.465	312.224	111.732	244.283	*94.946*	95.953	130.757	80.736	78.898	1.153.994
Campania	2.670	199.538	101.415	257.999	*70.693*	112.488	105.274	71.829	94.044	1.015.950
Sicilia	7.629	122.574	88.849	225.577	*60.744*	75.239	74.962	56.673	78.506	790.753
Puglia	4.969	164.647	91.589	198.127	*57.018*	63.654	74.417	53.134	63.870	771.425
Marche	3.156	174.819	43.795	97.024	*31.816*	31.726	40.122	31.897	30.830	485.185
Liguria	1.086	74.597	45.931	98.124	*42.803*	60.027	66.651	34.497	35.181	458.897
Friuli - Venezia Giulia	1.720	118.937	34.458	69.468	*27.749*	29.582	47.316	23.738	23.714	376.682
Trentino - Alto Adige	1.512	70.200	41.684	73.503	*62.364*	30.529	40.197	21.071	21.243	362.303
Abruzzo	2.034	97.957	38.607	70.832	*28.343*	25.963	28.953	21.859	26.267	340.815
Sardegna	2.791	52.973	42.198	84.085	*28.898*	31.348	34.393	22.145	25.652	324.483
Calabria	5.651	40.103	35.142	86.323	*23.197*	32.098	30.907	21.520	26.486	301.427
Umbria	1.328	68.337	27.769	53.697	*19.606*	20.343	22.481	18.161	17.440	249.162
Basilicata	476	29.648	14.199	24.495	*7.934*	9.115	9.683	7.925	6.464	109.939
Molise	473	15.709	8.018	13.844	*4.665*	4.958	5.573	4.489	5.073	62.802
Valle d'Aosta	21	6.051	5.856	7.313	*7.964*	4.106	4.050	2.934	4.029	42.324
Totale	64.547	4.173.117	1.596.322	3.448.021	*1.222.889*	1.631.821	1.926.745	1.184.813	1.175.811	16.424.086

Fonte: elaborazioni su dati Istat.

Tab. 62 – Numero di addetti alle unità locali per settore e regione, tasso di variazione % 2001-2011

Regione	Settore									Totale
	Agricoltura	Manifattura e utilities	Costruzioni	Commercio	*Alloggio e ristorazione*	Trasporti, magaz., comunic.	Servizi tradizionali	Servizi innovativi	Servizi alla persona	
Lombardia	-39,1	-19,7	7,1	9,3	*52,6*	4,1	23,3	25,1	30,7	3,4
Veneto	-43,4	-17,9	2,1	13,3	*38,6*	2,4	21,0	29,1	24,0	1,3
Lazio	-13,7	-11,6	12,4	14,3	*42,9*	2,6	34,6	41,2	37,8	16,0
Emilia Romagna	-41,6	-15,7	-4,3	6,4	*35,3*	0,2	15,4	21,2	16,1	0,2
Piemonte	-55,6	-21,8	1,8	7,6	*40,5*	-5,5	8,4	10,4	15,2	-3,5
Toscana	-38,5	-19,6	3,4	5,8	*29,3*	-0,9	22,2	24,6	19,2	1,0
Campania	-40,0	-16,7	0,2	20,5	*42,6*	5,5	26,6	28,7	25,3	9,3
Sicilia	-34,2	-9,6	5,1	17,3	*56,9*	7,2	25,1	27,9	36,0	13,8
Puglia	-39,1	-21,3	4,5	18,7	*78,2*	6,9	20,7	23,5	42,3	8,2
Marche	-26,8	-15,9	5,2	11,5	*48,0*	-3,5	19,0	31,3	19,2	1,3
Liguria	-39,7	-13,7	6,9	2,2	*25,8*	5,5	37,5	19,3	14,5	7,7
Friuli - Venezia Giulia	-57,7	-15,1	0,1	0,1	*21,4*	-16,2	19,9	11,2	26,1	-2,3
Trentino - Alto Adige	-49,9	-10,8	-0,6	16,7	*52,6*	7,3	42,5	30,8	46,7	15,1
Abruzzo	-29,6	-19,6	1,2	12,4	*68,3*	1,2	23,3	33,0	18,6	3,1
Sardegna	-29,7	-17,9	0,2	8,7	*25,7*	-8,0	30,7	19,3	20,4	4,3
Calabria	118,6	-9,7	0,9	22,1	*44,1*	9,5	55,0	18,5	24,3	17,2
Umbria	-18,9	-13,8	-2,0	12,4	*37,6*	8,1	15,4	35,0	23,3	5,1
Basilicata	-8,1	-16,4	-20,7	13,8	*49,0*	1,4	19,8	5,6	13,3	-0,9
Molise	-2,3	-22,5	-20,3	9,6	*40,4*	-8,0	30,1	21,1	28,9	-2,0
Valle d'Aosta	-74,7	-22,8	-23,5	11,1	*62,6*	8,3	19,6	17,7	39,6	6,8
Totale	-34,5	-17,8	2,9	11,5	*43,3*	1,9	23,5	25,2	26,3	4,5

Fonte: elaborazioni su dati Istat

Tab. 63 – Numero di addetti alle unità locali per settore e regione, quote % (per settore) 2011

Regione	Settore									Totale
	Agricoltura	Manifattura e utilities	Costruzioni	Commercio	*Alloggio e ristorazione*	Trasporti, magaz., comunic.	Servizi tradizionali	Servizi innovativi	Servizi alla persona	
Lombardia	0,1	28,4	8,8	18,8	*6,1*	10,1	13,5	8,0	6,2	100,0
Veneto	0,5	33,5	9,4	19,6	*7,4*	8,1	9,7	6,2	5,8	100,0
Lazio	0,2	12,5	9,0	19,8	*8,1*	16,5	16,3	8,7	8,9	100,0
Emilia Romagna	0,5	30,8	8,8	19,4	*7,3*	8,7	11,2	6,6	6,6	100,0
Piemonte	0,2	30,5	9,5	19,2	*6,0*	9,7	11,3	7,1	6,5	100,0
Toscana	0,4	27,1	9,7	21,2	*8,2*	8,3	11,3	7,0	6,8	100,0
Campania	0,3	19,6	10,0	25,4	*7,0*	11,1	10,4	7,1	9,3	100,0
Sicilia	1,0	15,5	11,2	28,5	*7,7*	9,5	9,5	7,2	9,9	100,0
Puglia	0,6	21,3	11,9	25,7	*7,4*	8,3	9,6	6,9	8,3	100,0
Marche	0,7	36,0	9,0	20,0	*6,6*	6,5	8,3	6,6	6,4	100,0
Liguria	0,2	16,3	10,0	21,4	*9,3*	13,1	14,5	7,5	7,7	100,0
Friuli - Venezia Giulia	0,5	31,6	9,1	18,4	*7,4*	7,9	12,6	6,3	6,3	100,0
Trentino - Alto Adige	0,4	19,4	11,5	20,3	*17,2*	8,4	11,1	5,8	5,9	100,0
Abruzzo	0,6	28,7	11,3	20,8	*8,3*	7,6	8,5	6,4	7,7	100,0
Sardegna	0,9	16,3	13,0	25,9	*8,9*	9,7	10,6	6,8	7,9	100,0
Calabria	1,9	13,3	11,7	28,6	*7,7*	10,6	10,3	7,1	8,8	100,0
Umbria	0,5	27,4	11,1	21,6	*7,9*	8,2	9,0	7,3	7,0	100,0
Basilicata	0,4	27,0	12,9	22,3	*7,2*	8,3	8,8	7,2	5,9	100,0
Molise	0,8	25,0	12,8	22,0	*7,4*	7,9	8,9	7,1	8,1	100,0
Valle d'Aosta	0,0	14,3	13,8	17,3	*18,8*	9,7	9,6	6,9	9,5	100,0
Totale	0,4	25,4	9,7	21,0	*7,4*	9,9	11,7	7,2	7,2	100,0

Fonte: elaborazioni su dati Istat

Tab. 64 – Numero di addetti alle unità locali per settore e regione, quote % (per regione) 2011

Regione	Settore									Totale
	Agricoltura	Manifattura e utilities	Costruzioni	Commercio	*Alloggio e ristorazione*	Trasporti, magaz., comunic.	Servizi tradizionali	Servizi innovativi	Servizi alla persona	
Lombardia	6,3	23,8	19,2	19,1	*17,4*	21,6	24,6	23,6	18,5	21,3
Veneto	12,5	13,4	9,8	9,5	*10,1*	8,2	8,4	8,7	8,2	10,2
Lazio	5,0	4,6	8,7	8,9	*10,2*	15,6	13,1	11,4	11,6	9,4
Emilia Romagna	10,7	11,2	8,4	8,5	*9,1*	8,1	8,8	8,4	8,5	9,2
Piemonte	3,6	9,9	8,1	7,6	*6,7*	8,0	8,0	8,1	7,5	8,2
Toscana	6,9	7,5	7,0	7,1	*7,8*	5,9	6,8	6,8	6,7	7,0
Campania	4,1	4,8	6,4	7,5	*5,8*	6,9	5,5	6,1	8,0	6,2
Sicilia	11,8	2,9	5,6	6,5	*5,0*	4,6	3,9	4,8	6,7	4,8
Puglia	7,7	3,9	5,7	5,7	*4,7*	3,9	3,9	4,5	5,4	4,7
Marche	4,9	4,2	2,7	2,8	*2,6*	1,9	2,1	2,7	2,6	3,0
Liguria	1,7	1,8	2,9	2,8	*3,5*	3,7	3,5	2,9	3,0	2,8
Friuli - Venezia Giulia	2,7	2,9	2,2	2,0	*2,3*	1,8	2,5	2,0	2,0	2,3
Trentino - Alto Adige	2,3	1,7	2,6	2,1	*5,1*	1,9	2,1	1,8	1,8	2,2
Abruzzo	3,2	2,3	2,4	2,1	*2,3*	1,6	1,5	1,8	2,2	2,1
Sardegna	4,3	1,3	2,6	2,4	*2,4*	1,9	1,8	1,9	2,2	2,0
Calabria	8,8	1,0	2,2	2,5	*1,9*	2,0	1,6	1,8	2,3	1,8
Umbria	2,1	1,6	1,7	1,6	*1,6*	1,2	1,2	1,5	1,5	1,5
Basilicata	0,7	0,7	0,9	0,7	*0,6*	0,6	0,5	0,7	0,5	0,7
Molise	0,7	0,4	0,5	0,4	*0,4*	0,3	0,3	0,4	0,4	0,4
Valle d'Aosta	0,0	0,1	0,4	0,2	*0,7*	0,3	0,2	0,2	0,3	0,3
Totale	100,0	100,0	100,0	100,0	*100,0*	100,0	100,0	100,0	100,0	100,0

Fonte: elaborazioni su dati Istat

BIBLIOGRAFIA E SITOGRAFIA

Alivernini A., Breda E., Iannario E. (2014), International tourism in Italy (1997-2012), *Questioni di Economia e Finanza*, n. 220, Banca d'Italia.

Breda E. (2015), *La congiuntura turistica nelle macro-aree italiane e in Veneto*, 23 aprile, disponibile all'indirizzo: http://virgo.unive.it/ciset/website/it/allegati/Breda_2015.pdf.

Candela G., Figini P. (2010), *Economia del turismo e delle destinazioni*, McGraw-Hill, Milano.

Capobianco F. (2014), *Il sorpasso. Il turismo straniero in Italia supera quello domestico. Le prospettive del nuovo scenario*, 7 febbraio, disponibile all'indirizzo: http://www.nomisma.it/index.php/it/newsletter/focus-on/item/318-7-febbraio-2010-il-sorpasso-il-turismo-straniero-in-italia-supera-quello-domestico.

Centro Studi Touring Club Italiano (a cura di) (2008), *L'annuario del turismo e della cultura*, Touring Club Italiano.

Centro Studi Touring Club Italiano (a cura di) (2010), *TurisMonitor 2011*, Touring Club Italiano.

CISET (2014), *Il turismo organizzato incoming. Dalla spesa del turista all'analisi della filiera, l'individuazione delle aree critiche*, disponibile all'indirizzo: http://www.confturismo.it/wp-content/uploads/dlm_uploads/2014/03/IL-TURISMO-ORGANIZZATO-INCOMING.pdf.

Commissione Europea (2014), *Strategia europea per una maggiore crescita e occupazione nel turismo costiero e marittimo*, Comunicazione della Commissione al Parlamento Europeo, al Consiglio, al Comitato Economico e Sociale Europeo e al Comitato delle Regioni, 20 febbraio.

Deandreis M. (2013), *L'impatto economico "attuale e potenziale" del Turismo in Italia*, 30 maggio, disponibile all'indirizzo: http://www.federturismo.it/component/docman/doc_download/7843-presentazione-deandreis-srm-sessione-mattina-ventennale?Itemid.

Federculture e Formez PA (2014), Cultura & turismo locomotiva del Paese, disponibile all'indirizzo: http://www.formez.it/sites/default/files/ricerca-federculture-02.pdf.

GfK Eurisko (2012), *L'Italia come destinazione turistica presso i potenziali target di Cina e Russia*, disponibile all'indirizzo: http://www.ontit.it/opencms/export/sites/default/ont/it/documenti/files/ONT_2013-02-04_02961.pdf.

Ista e Mercury (a cura di) (2014), *Rapporto sul sistema alberghiero in Italia – settima edizione*, disponibile all'indirizzo: http://www.federalberghi.it/rapporti/rapporti.aspx?IDEL=140#.

Manente M. (2015), *Economia turistica regionale nel 2014*, 23 aprile, disponibile all'indirizzo: http://virgo.unive.it/ciset/website/it/allegati/Manente_Venezia2015.pdf.

Manente M. (2015), *Prospettive e macrotendenze 2015-2016*, 23 aprile, disponibile all'indirizzo: http://virgo.unive.it/ciset/website/it/allegati/Manente_previsioni2015.pdf.

Manente M., Mingotto E. (2012), Il turismo: un settore strategico per l'economia del Nord Est, *Veneto e Nord Est*, n. 34.

Osservatorio Nazionale del Turismo (2012), *Rapporto sul turismo 2012*, disponibile all'indirizzo: http://www.ontit.it/opencms/export/sites/default/ont/it/documenti/files/ONT_2013-08-09_02992.pdf.

Politi M. (2015), *Andamento economico del settore turistico in Italia nel 2014*, 23 aprile, disponibile all'indirizzo: http://virgo.unive.it/ciset/website/it/allegati/Politi_2015.pdf.

Presidenza del Consiglio dei Ministri, Dipartimento per gli Affari Regionali, il Turismo e lo Sport (2013), *Turismo Italia 2020. Leadership, lavoro, sud*, disponibile all'indirizzo: http://www.agenziademanio.it/export/download/demanio/agenzia/5_Piano_strategico_del_Turismo_2020.pdf.

Risposte Turismo (2015), *Il lavoro nel turismo: ruolo e peso in Italia e in Veneto*, disponibile all'indirizzo: http://www.ebitveneto.it/1/upload/ebit_veneto_ricerca_rispostetur ismo_2014.pdf.

UNWTO (2014), *Tourism Highlights – 2014 Edition*, disponibile all'indirizzo: http://dtxtq4w60xqpw.cloudfront.net/sites/all/files/pdf/unwto_highlights14_en_hr_0.pdf.

UNWTO (2015), *Tourism Highlights – 2015 Edition*, disponibile all'indirizzo: http://www.e-unwto.org/doi/pdf/10.18111/9789284416899.

Zappa S. (2015), *La bilancia turistica 2014: principali tendenze*, 23 aprile, disponibile all'indirizzo: http://virgo.unive.it/ciset/website/it/allegati/Zappa_2015.pdf.

Principali siti internet consultati

Banca d'Italia: www.bancaditalia.it/statistiche/tematiche/rapporti-estero/turismo-internazionale.

Ciset – Centro Internazionale di Studi sull'Economia Turistica: virgo.unive.it/ciset/website/.

EBNT – Ente Bilaterale Nazionale Turismo: www.ebnt.it.

ENIT – Agenzia Nazionale del Turismo: www.enit.it.
Eurostat: ec.europa.eu/eurostat/web/tourism.
ISNART – Istituto Nazionale Ricerche Turistiche: www.isnart.it.
ISTAT: http://dati.istat.it/.
Osservatorio Nazionale del Turismo: http://www.ontit.it/ont.
Regione del Veneto – Sezione Sistema Statistico Regionale: http://statistica.regione.veneto.it/index.jsp.
Turismo FVG: www.turismofvg.it.
UNWTO – World Tourism Organization: www2.unwto.org/.
WTTC – World Travel & Tourism Council: www.wttc.org.